これなら読める！決算書

会計知識ゼロでOK！

公認会計士 吉田延史

すばる舎リンケージ

はじめに

　本書の執筆依頼を受けたときに、思い出したエピソードがあります。知り合いの会計士が転職したときにこう言っていました。

　「Ａ社とＢ社から内定をもらったんだけど、決算書を見てＡ社に不安があったからＢ社にしたんだよ。しばらくしたらＡ社は倒産しちゃってさ。あのとき決算書見ておいてホントよかったわー」

　この本を手にしていただいた方は、当然決算書について理解を深めたいと思われている方でしょう。
　決算書を読めるようになることは、大きなメリットをあなたにもたらします。先ほどのエピソードのように、勤め先や、これから取引しようとしている相手、転職先などの決算書を見ることによって、大トラブルを回避できるかもしれません。

　「決算書を読めることはデキるビジネスマンの必須要件である」ということが昔から言われています。
　「決算書」とは、いわば会社の通信簿。正式には企業の活動の状況を表す「財務諸表」という各種書類のことです。
　本書では、その中でも代表的な、「貸借対照表」「損益計算書」「株主資本等変動計算書」「キャッシュ・フロー計算書」について、項目毎に解説していきます。
　また、決算書の理解を深める、つまり、決算書が読めるように

なるには、「決算書のポイントを知っておくこと」が重要です。

決算書にはお金についての会社の状況が掲載されています。

そこには非常に多くの数字が出てくるのですが、私が大小さまざまな会社の決算書を見てきて感じるのは、「決算書には見るべきポイントがあり、そのポイントさえ見ておけば、その会社がどんな状況にあるかはだいたいわかる」ということです。

このポイントさえ知ってしまえば、決算書を「読む」という意味合いについてはほぼクリアできてしまいます。ぜひ身に付けてください。

本書では、決算書を見慣れていない方に向けて、以下の点に留意しています。

◆会社の決算書を見て、その会社の状況を大ざっぱに把握できることを目標とする

これから社会人になる方や、転職を考えている方、新規取引先を開拓している方は、それぞれおつきあいする会社がどんな状況なのかを把握したいと考えていると思います。

本書は、決算書で見るべきポイントを示し、そこから会社の状況を把握できるように構成しています。

◆専門用語はできるだけ用いない

決算書の解説は「ROE」や「PER」といった専門用語を用いるのが定番です。

しかし本書では、専門用語自体が入門者にとって決算書の敷居を高くする原因と考え、決算書自体に登場する言葉に絞って解説

し、それ以外の専門用語は使わないことにしています。

◆会計等の予備知識なしで読めるようにする

　決算書を作るためには、簿記の知識は必須でしょうが、決算書を読むだけなら簿記の知識が無くとも可能ですので、予備知識無く読めるようにしています。

◆興味を持てる内容にする

　決算書を読むためには、さまざまなことを知る必要があります。本書では決算書を読むための基本的な知識をすべて盛り込みました。難しい部分については、身近な例やイラストにより興味を持ってもらえるようにしています。

　決算書を読めるようになれば、その会社のお金に関する活動状況が一定以上わかるようになるのは確かです。

　しかし一方で、決算書に載っていないこともたくさんあります。

　私も最初の就職のときには社員の人柄を重視しましたし、その結果いい会社に就職できたと思っています。会社の雰囲気や尊敬できる人の有無は、もちろん決算書を見てもわかりません。

　しかし一方で、決算書を読める今ならば、もう少し決算書を見て自分の決断に間違いないかを補足しただろうとも思うのです。

　皆さんのこれからの重要な決断の際に、本書が少しでも役立てれば、著者としてこれほどうれしいことはありません。

はじめに

これなら読める! 決算書　もくじ

はじめに——3

第1章 決算書の基本

1　まずは決算書の実物を見てみよう——14
決算書ってどうやって入手するの？

2　決算書はどういう構成になっているのか——16
決算書の要素は大きく4つ！

3　玉の輿戦法で考える決算書——18
目指せ玉の輿！　でも預金残高だけではわからない

4　貸借対照表の構成を見てみよう——20
資産、負債、純資産の3つの要素

5　損益計算書はどういう構成になっているのか——22
営業利益、経常利益、当期純利益の3要素

6　株主資本等変動計算書と
キャッシュ・フロー計算書の構成——24
要因を見るための補足資料

7　連結決算書って何？　その1——26
単体ではなくグループとしての決算書

8　連結決算書って何？　その2——28
個人ではなく「一家」の決算書

column　決算書から絶対的な優劣を付けるのは難しい？

第2章
貸借対照表の主要項目

1 資産①　現金及び預金──32
余裕がある会社なのかを見極めるならまずはココ

2 資産②　売上債権〜その1──34
売上と、それにカウントするタイミング

3 資産②　売上債権〜その2──36
主な項目は、受取手形・電子記録債権・売掛金・完成工事未収入金

4 資産③　たな卸資産〜その1──38
まずは「原価」を知ろう!

5 資産③　たな卸資産〜その2──40
たな卸資産の項目別性質を押さえよう

6 資産④　有形(無形)固定資産──42
長く使うものだから価値も落ちていく

7 資産④　有形固定資産──44
「形」の「有」る資産のこと

8 資産④　無形固定資産──46
「形」の「無」い資産のこと

9 資産⑤　有価証券──48
主な有価証券は「社債」と「株式」

10 負債①　仕入債務──50
商品やサービスを提供されたのに払っていないお金が「仕入債務」

11 負債②　前受金──52
前もってお金をもらっている場合が「前受金」

12　負債③　借金――54
手元のお金だけでは足りないから借りる！

13　負債④　引当金――56
過去を見て、将来のマイナスを予想する

14　純資産①　資本金等～その1――58
純資産の筆頭！　資本金

15　純資産①　資本金等～その2――60
上場企業の決算書は信頼性が高い

16　純資産②　利益剰余金等――62
儲かった成果を貯める場所

17　流動と固定の意味と例――64
資産と負債は流動と固定に分かれている

18　貸借対照表で一番見るべきポイント――66
最初はコレだけ見ておけばだいたいOK

column　決算書に慣れるまでは高額な項目だけに注目する

損益計算書の主要項目

1　営業利益の計算――70
「ある時点」の貸借対照表、「ある期間」の損益計算書

2　経常利益の計算――72
本業以外の収益と費用を加味する

3　当期純利益の計算――74
全部をひっくるめた計算

4　損益計算書で一番見るべきポイント――76
全部プラスなら間違いなく儲かっている

column　想定外!?　減損損失とは

第4章 株主資本等変動計算書とキャッシュ・フロー計算書

1 **株主資本等変動計算書と
キャッシュ・フロー計算書の共通点**──80
増減の理由を示す補足資料

2 **株主資本等変動計算書でよく増減する項目**──82
主要な増減項目は3つ!

3 **株主資本等変動計算書で一番見るべきポイント**──84
企業の安全性を測るなら、利益剰余金の推移を見る

4 **キャッシュ・フロー計算書　その1**──86
活動別の現金及び現金同等物の動きがわかる!

5 **キャッシュ・フロー計算書　その2**──88
なんで?　利益とお金の増減が一致しない?

6 **キャッシュ・フロー計算書　その3**──90
営業活動の主な項目を押さえよう

7 **キャッシュ・フロー計算書　その4**──92
投資活動と財務活動はざっくりでいい

8 **キャッシュ・フロー計算書で一番見るべきポイント**──94
利益が出ていれば多くの場合は小計もプラスに

column　利益がプラスで小計がマイナスの場合の留意事項

小売業の決算書

1	**一本ラーメン（株）の決算書を見る**──98
	小売業の決算書を見よう
2	**主要登場項目のおさらい　その1**──102
	売掛金とたな卸資産
3	**主要登場項目のおさらい　その2**──104
	建物・土地、差入保証金、買掛金
4	**一本ラーメンの経営はどうか？　その1**──106
	決算書から見える経営状況
5	**一本ラーメンの経営はどうか？　その2**──108
	一本ラーメンの貸借対照表と損益計算書を見る
6	**一本ラーメンの経営はどうか？　その3**──110
	一本ラーメンの補足資料を見る
column	「現金及び預金」だけでは判断できない場合もある

製造業の決算書

1	**醤油メーカーの雄！　Showyou（株）登場**──114
	製造業の決算書を見てみよう
2	**主要登場項目のおさらい　その1**──118
	製造業で特に多く見られる項目はコレ！

3 **主要登場項目のおさらい　その2**——120
Showyou（株）で見る固定資産と為替差損益

4 **Showyouの経営はどうか？　その1**——122
Showyouの貸借対照表と損益計算書の分析

5 **Showyouの経営はどうか？　その2**——124
Showyouの補足資料を読み解く

column　　従業員の平均給与も見ることができる

建設業の決算書

1 **ニッポンの公園環境を支える！（株）日本公園建設**——128
建設業の決算書を見てみよう

2 **主要登場項目のおさらい　その1**——132
建設業の決算書に見られる主な特徴①

3 **主要登場項目のおさらい　その2**——134
建設業の決算書に見られる主な特徴②

4 **日本公園建設の経営はどうか？　その1**——136
やばい！？　日本公園建設の経営状況

5 **日本公園建設の経営はどうか？　その2**——138
補足資料で挽回できるか……

column　　継続企業の前提に関する注記は要チェック！

第8章 JALの決算書を「読んで」みよう

1　平成16年3月期の決算書〜その1——142
　　すでに破綻の兆候は見えていた？

2　平成16年3月期の決算書〜その2——146
　　現金は増えているけれど……

3　平成19年3月期の決算書〜その1——150
　　苦しい状況からの挽回なるか！？

4　平成19年3月期の決算書〜その2——154
　　多少ではあるものの上向きになってきている

5　平成21年3月期の決算書〜その1——158
　　リーマン・ショックで利益に大ダメージ！

6　平成21年3月期の決算書〜その2——162
　　経営状況が再び悪化してしまった……

7　平成25年3月期の決算書〜その1——166
　　超優良企業となって生まれ変わったJAL

8　平成25年3月期の決算書〜その2——170
　　非の打ち所のない決算書の数字

column　さらなる学習にオススメの書籍

装丁：クリエイティブ・コンセプト
本文イラスト・図版：吉田 亜由美、李佳珍

第1章

決算書の基本

CHAPTER 1 まずは決算書の実物を見てみよう

決算書ってどうやって入手するの？

　企業の通信簿とも言える決算書。各項目の詳しい説明をしていく前に、まずは実際の決算書を見ていただきたいと思います。

　多くの大企業は、ホームページに自社の決算書を掲載していますので、決算書を見たい会社名と、「決算短信」というキーワードで検索してみてください。

　すると、その会社の「ＩＲ情報」や「投資家向け情報」といった名称のページにたどり着きます。その中にある「決算短信」というタイトルの文書を開きます。

　決算書は決算短信の一部として掲載されているのです。

　なお、決算短信には、四半期バージョンと年度バージョンがあります。

　四半期バージョンの場合、決算書の一部が省略されていることがありますので、年度バージョンのもの（単に決算短信と書かれている資料がそうです）を入手してください。

　興味のある会社を選んで決算書を手元におき、照らしあわせながら本書を読み進めていただけば、面白みも得られるでしょうし、より理解が進むと思います。

　なお、中小企業をはじめとして、決算書をホームページに掲載していない会社もあります。また、日本基準でない会社は様式が異なっています。さらに金融業の決算書は本書で解説していない項目が多くあります。興味がある会社が上記に該当する場合には、別の会社の決算書を見てください。

CHAPTER 2

決算書はどういう構成になっているのか

決算書の要素は大きく4つ！

　決算短信のうち、決算書とは以下の表を指します。

◎連結決算書セット
- ・連結貸借対照表
- ・連結損益計算書
- ・連結株主資本等変動計算書
- ・連結キャッシュ・フロー計算書

◎その会社自身の決算書セット
- ・貸借対照表
- ・損益計算書
- ・株主資本等変動計算書
- ・キャッシュ・フロー計算書

　冒頭に「連結」と名が付くものと付かないものがありますが、どの決算短信でも少なくともどちらかのセットは掲載されていると思います。これらが、本書の解説する決算書となります。
　実際に企業が公開しているセットを印刷しておいてください。以降でそれぞれについてさらに詳しく見ていきましょう。
　なお、連結損益計算書の次に連結包括利益計算書が掲載されていることもありますが、これは損益計算書の補助資料で、経営分析上重要ではないので、本書では割愛します。

CHAPTER 3

玉の輿戦法で考える決算書

目指せ玉の輿！ でも預金残高だけではわからない

　決算書をお手元にご用意いただいたところで、まずは決算書を知る上で重要な2つの概念を説明します。

　「玉の輿」という言葉がありますが、相手の性格や相性などを一切無視して、お金のことだけで以下の3人から結婚相手を選ぶとしたらどうなるでしょうか。なお、3人とも借金はありません。

　Aさん：預金残高10万円
　Bさん：預金残高1,000万円
　Cさん：預金残高3,000万円

　ここまででは明らかにCさんを選びますよね。しかし、これだけではじつは情報不足。Cさんが自分の収入によって3,000万円の預金を手にしたのかわからないからです。そこで年収も情報に含めてみましょう。

　Aさん：預金残高10万円、年収400万円
　Bさん：預金残高1,000万円、年収1,200万円
　Cさん：預金残高3,000万円、年収600万円

　BさんはCさんの2倍の年収でした。するとBさんも結婚相手として候補に挙がってきます。この考え方は決算書でも重要なのです。どういうことか、次節以降で詳しく見ていきましょう。

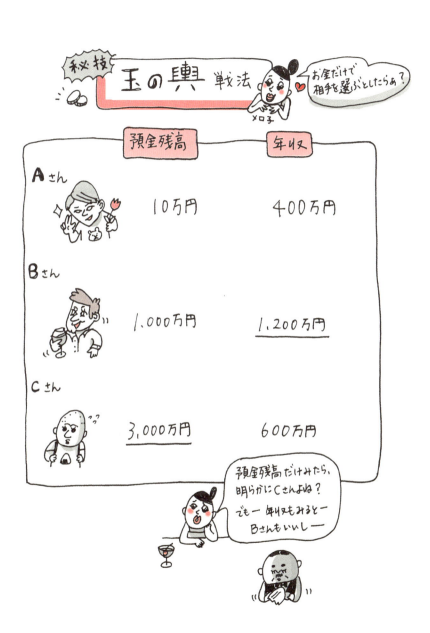

CHAPTER 4

貸借対照表の構成を見てみよう

資産、負債、純資産の3つの要素

　決算書セットのなかの「貸借対照表」は、玉の輿戦法の預金残高のような、「ある時点」での会社の状況を示した書類です。

　ただし、個人のように単純ではなく、預金や借金以外にもいろいろな項目が登場します。なお、「連結貸借対照表」と「貸借対照表」では、構成に大きな違いはないため、ここでまとめて説明します。

①資産の部

　資産の部には、会社の資産が掲載されます。現金及び預金や土地などは資産として、イメージしやすいでしょう。

②負債の部

　負債の部には、会社の負債が掲載されます。短期借入金あたりがイメージしやすい項目でしょう。

③純資産の部

　純資産の部は、資産と負債の差額です。これについては、最初はイメージしやすい項目はないでしょうが、差額の発生原因別に項目が分類されていると考えてください。

　いずれの部にも直感的に理解できない項目があると思いますので詳しくは第2章で見ていきます。

CHAPTER 5

損益計算書はどういう構成になっているのか

営業利益、経常利益、当期純利益の3要素

玉の輿戦法の話で登場した、年収に相当するデータが掲載されているのが損益計算書です。なお、連結損益計算書と損益計算書にも構成に大きな違いはないため、まとめて説明します。

損益計算書には、○○利益という名前のものが多数登場します。本項では主要な利益がどうやって計算されているかについて説明します。おおざっぱに言うと、利益は売上から費用を差し引いて求め、上のほうに載っている利益ほど本業だけの成果となります。

①営業利益

売上高から、売上原価と販売費及び一般管理費を差し引いて求めます。営業利益は文字通り本業で得られた利益で、会社の本業の調子を示すものです。

②経常利益

営業利益から営業外収益・営業外費用を加減して求めます。経常利益は本業だけではない毎期発生する項目を加味した成果を示します。

③当期純利益

損益計算書の末尾に登場する利益は、経常利益から特別利益・特別損失・税金費用等を加減して求めます。最後の利益は当期純利益と呼びます。当期純利益は企業に残って純資産を構成します。

※当期純利益は平成28年3月期から連結決算書のみ「親会社株主に帰属する当期純利益」となります

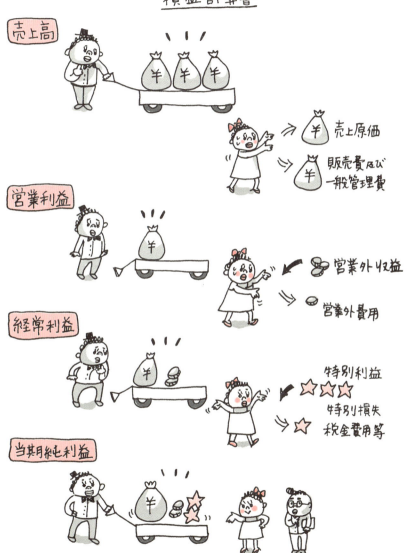

CHAPTER 6

株主資本等変動計算書とキャッシュ・フロー計算書の構成

要因を見るための補足資料

　決算書では貸借対照表と損益計算書が最も重要で、有り体に言ってしまえば株主資本等変動計算書とキャッシュ・フロー計算書は補足資料です。

　これらについても連結とつくものとそうでないものとに構成に大きな違いはありませんので、まとめて説明します。

①株主資本等変動計算書

　貸借対照表に載っている純資産の各項目が期間中でどういった理由により増減したのかを示す表です。一番上の当期首残高に年度が始まった時の金額（＝前年度末の金額）、一番下の当期末残高に年度が終わった時の金額が記載されます。

②キャッシュ・フロー計算書

　貸借対照表の現金及び預金などからなる現金及び現金同等物が期間中にどういった項目により増減したのかを示す表です。

　「営業活動」「投資活動」「財務活動」の3つの活動別に集計して掲載します。

　これらの詳細は第4章で見ていきます。

〈株主資本等変動計算書〉

	株主資本	...	純資産合計
当期首残高			
⋮			
当期末残高			

貸借対照表 「純資産の各項目が…」
「期間中でどういった理由により増減したのか？」

〈キャッシュ・フロー計算書〉

I 営業活動によるキャッシュ・フロー
II 投資活動によるキャッシュ・フロー
III 財務活動によるキャッシュ・フロー
現金及び現金同等物の増減額
現金及び現金同等物の期首残高
現金及び現金同等物の期末残高

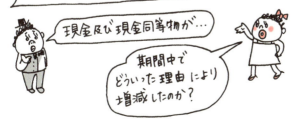

「現金及び現金同等物が…」
「期間中でどういった理由により増減したのか？」

第1章 決算書の基本

CHAPTER 7

連結決算書って何?
その1

単体ではなくグループとしての決算書

　これまで何度も登場している「連結」について、決算書の構成は変わらないのですが、考え方について再び玉の輿戦法を使って説明します。

　今度はAさんの新情報が届きました。なんと、Aさんの家は資産家で、しかも一人っ子だというのです。両親の預金残高は5億円もあるとのことでした。

　そこで、今度は親の預金残高と年収も合算した「一家」情報を含めます。

　Aさん一家：世帯預金残高5億10万円、世帯年収2,400万円
　Bさん一家：世帯預金残高3,000万円、世帯年収1,800万円
　Cさん一家：世帯預金残高5,000万円、世帯年収1,800万円

　こうなると、今度はAさんも候補に入ってくることになりますよね。

　企業にも、同じような概念として「グループ会社」があります。グループ全体をひとつの会社のように見立てて作った決算書を「連結決算書」と呼びます。

　当然のことながら、グループ会社がない企業の場合には連結決算書は作りません。

CHAPTER 8

連結決算書って何？
その2

個人ではなく、「一家」の決算書

　連結決算書を見るにあたってもうひとつ重要なことがあります。それは、「グループ内部の取引に関する金額は除外する」ということです。

　例えば、親会社が製造したものを子会社へ販売し、子会社からエンドユーザに販売することがあります。

　ここで親会社が権力を振りかざして子会社にたくさん販売すれば親会社自身の決算を良く見せることができてしまいます。

　そこで、連結決算書を作るときには、グループ内取引は除外することとされているのです。

　現代では、その会社自身の決算書よりも連結決算書が重視されています。

　玉の輿の話でも、その人本人は良くても、親が大きな借金を背負っているかもしれません。

　そういった一家全体、グループ全体の情報が載っているのが連結決算書であり、決算書として有用とされているのです。

Column 決算書から絶対的な優劣を付けるのは難しい？

　決算書を見ることでその会社のよしあしを判断することはできますが、学校のテストのように誰が1番というのを簡単に言うことはできません。

　玉の輿戦法の例でも、A～Cさんのうち誰と結婚すれば一番お金に困らないかは難しい問題です。

　その人の年収、貯金、一家の情報……いろいろな情報があるため、簡単に優劣をつけられないのです。

　決算書を読めるようになればなるほど多くの情報を分析できるようになりますが、会社を安易にランク付けすることは難しくもなっていくでしょう。

第 2 章

貸借対照表の主要項目

CHAPTER 1

資産①
現金及び預金

余裕がある会社なのかを見極めるならまずはココ

　本章では「ある時点」の情報である貸借対照表について、項目ごとに見ていきます。大きな構成について、わからなくなった場合には前章を確認してください。

　最初は、資産のうちの「現金及び預金」です。資産として一番イメージしやすい項目ですね。

　手元に保有するお金と銀行に預けているお金の合計です。会社の保有するすべての場所、口座残高の合計が載っています。連結決算書の場合には、グループ会社すべての合計です。

　貸借対照表のたいていの項目はバックデータとして「明細」と呼ばれる表があります。

　決算書では一行に凝縮されているため、イメージしにくいと思いますので、右ページに明細の一例を示します。

　会社の倒産というのは、企業が銀行や取引先に現金を支払えなくなったときに発生します。現金が多ければいいというわけではありませんが、余裕のある会社かどうかを見定める第一歩はこの項目を見ることです。

ここからは 貸借対照表の各項目 について見ていきます

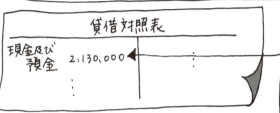

貸借対照表

現金及び預金　2,130,000

現金

手元に保有するお金

＋

預金

銀行に預けているお金

〈勘定明細〉

現金及び預金	
	残高
現金	100,000
普通預金	
A銀行	2,000,000
B銀行	30,000
現金及び預金	2,130,000

CHAPTER 2

資産②
売上債権～その1

売上と、それにカウントするタイミング

次に売上債権について見ていきますが、そのためには、まず「売上」について知る必要があります。

売上とは、「企業が顧客に商品やサービスを提供して、もらう代金」を指します。

例えば、カフェが300円のコーヒーを1杯売れば、300円が売上となります。ただし、本業とは別のところから臨時収入があった場合には売上となりません。カフェを営む会社が所有している不動産を売った場合などは売上にはならないということです。

売上にカウントするタイミングは、企業がお金を手にするときとは限りません。

最近では各種ICカードが見られます。

例えばプリペイドカードに1万円入れたら、企業には1万円お金が入りますが、まだお客さんには何も提供しておらず、売上にカウントするには早すぎるのです。

逆に、「ツケ」という概念もあります。

あまりにも頻繁に近所のカフェに行くから、普段飲食してもお金を払わず月末にまとめて払うというような場合がそうです。この場合には、お金をもらっていなくてもサービス提供したぶんは売上としてカウントします。

CHAPTER 3

資産②
売上債権～その2

主な項目は、受取手形・電子記録債権・売掛金・完成工事未収入金

売上債権とは、商品やサービスの提供は終わったものの、まだもらっていない代金を指します。先のツケの例のように、企業は大量に取引しているので得意先と話し合って締日と支払日を決めていることが多いです。例えば、月末締・翌月末払いと取り決めていたら、3月分（3月1日～3月31日）は、まとめて4月末に支払われますから、3月分の売上は3月末の売上債権として登場します。主な項目別の違いは以下のようになっています。

　受取手形：代金支払いを約束する手形（右ページ参照）をもらっ
　　　　　　ている場合の売上債権

　電子記録債権：手形の電子版である電子記録債権をもらってい
　　　　　　　　る場合の売上債権

　売掛金：手形・電子記録債権をもらっていない場合の売上債権

　完成工事未収入金：売掛金と同義で、建設業の場合に用いられ
　　　　　　　　　　ます

売上債権は、しばらくすれば現金及び預金になります。ただし、さまざまな理由により支払われないこともあるため注意が必要です。

売上債権とは、商品やサービスの提供は終わったものの、まだもらっていない代金のこと

月末締・翌月末払いの場合

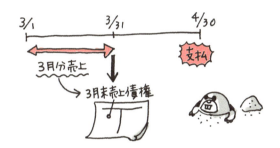

項目別の説明

受取手形　約束手形　A社殿　金額￥1,000,000,—

電子記録債権  手形の電子版

売掛金  手形等もらってないもの

完成工事未収入金  建設業の売掛金

CHAPTER 4

資産③
たな卸資産〜その1

まずは「原価」を知ろう！

「たな卸資産」も聞きなれない言葉ですね。詳しく見ていきましょう。たな卸資産には主な項目として、商品・製品・仕掛品・原材料・未成工事支出金・販売用不動産がありますが、まずは「原価」について知る必要があります。

原価とは「商品を仕入れたり・製品を製造したりするのにかけたお金」を指します。売上に対応する原価は「売上原価」と言います。

今度はカフェとは別の例で見ていきましょう。
あなたは電車のプラモデルセットを700円で買ってきて、組み立てて1,000円で売る仕事を今月から始めました。
すると今月は4個売れました。原価がプラモデルセット代だけとしたら、売上原価はいくらでしょうか。

売上に対応する原価は4個のため

　700円×4個＝2,800円

となります。

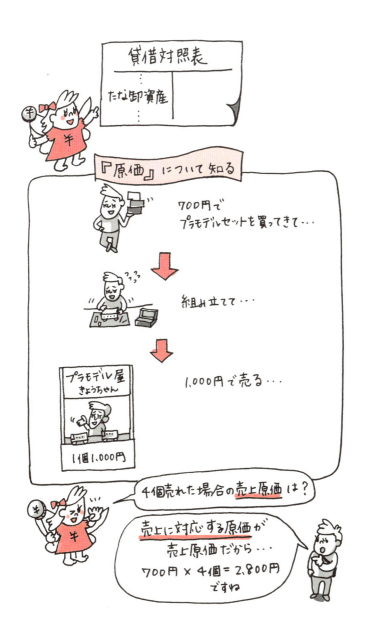

CHAPTER 5 資産③ たな卸資産〜その2

たな卸資産の項目別性質を押さえよう

原価のうち売上にカウントされる前のものをたな卸資産と呼びます。プラモデル組立屋の例でさらに細かく考えてみましょう。

購入したプラモデルセット：10個（1個700円）の内、

① 未開梱：3個
② 作成中：1個
③ 完成したけどまだ売れていないもの：2個
④ 完成して売れたもの：4個

この場合、たな卸資産はいくらでしょうか。原価のうち売上にカウントされる前のものとは①〜③のものを指します。つまり①〜③を合計した6個分の原価＝700円×6個＝4,200円となります。

主な項目別の違いは以下のとおりです。

商品：コンビニのように製造しない業種で仕入れたたな卸資産
原材料：製造業で、製造に着手していないたな卸資産（上記①）
仕掛品：製造業で、製造に着手して未完成のたな卸資産（上記②）
製品：製造業で完成して、まだ売れていないたな卸資産（上記③）
未成工事支出金：建設業における仕掛品
販売用不動産：不動産業における販売目的の不動産

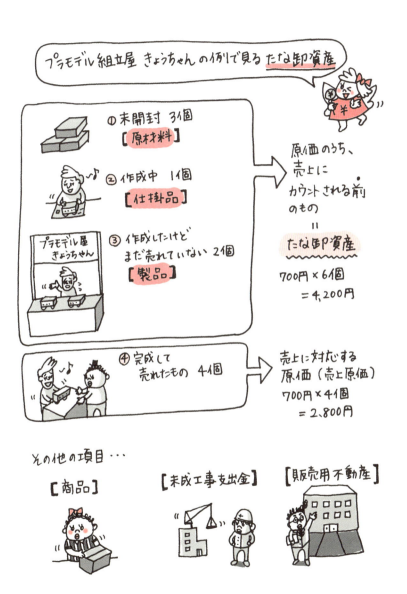

CHAPTER 6

資産④
有形（無形）固定資産

長く使うものだから価値も落ちていく

　例えばメーカーが保有する工場は製造のための資産として長期間利用されますね。

　こういった資産を有形（無形）固定資産と呼びます。

　有形（無形）固定資産は当初は買った値段で貸借対照表に登場します。しかし、例えば工場は長年利用していると老朽化して当初よりも価値が落ちていきます。どのくらい価値が落ちているのかを把握するのは容易ではありませんが、決算書では決まった計算式を用いて、規則的に資産を減らしていきます。

　この減少を「減価償却」と呼びます。

　例えば20億円で建設した建物について、20年使うと見込んだ場合の毎年の減価償却は以下のようになります。

20億円÷20年＝1億円

　つまり、毎年1億円ずつ資産が減っていくこととなるのです。

CHAPTER 7

資産④
有形固定資産

「形」の「有」る資産のこと

　有形固定資産の主な項目には、建物・機械装置・工具器具備品・土地・リース資産・建設仮勘定があります。

　有形固定資産とは、その名のとおり、固定資産のうちの形のある資産を指します。大半は明らかですが、説明を要する項目は以下のとおりです。

土地　　　：名前のとおりですが、土地は時間がたっても価値
　　　　　　が減らないため減価償却しません
リース資産：リース取引（資産を借りて毎月利用料を支払う取引）
　　　　　　のうち実質的に買ったのと変わらないもの
建設仮勘定：有形固定資産のうち、未完成だけど中間金など払っ
　　　　　　た場合に用いる

　また、上記のほか、決算書に登場する2つの項目について確認しましょう。

減価償却累計額：各項目のうち、過去から減価償却で減少させ
　　　　　　　　た金額の累計を指す
建物（純額）等：建物を買った値段から減価償却累計額を差し
　　　　　　　　引いた金額を指す（他の項目でも同じ）

CHAPTER 8 資産④ 無形固定資産

「形」の「無」い資産のこと

無形固定資産の主な項目は、のれん・ソフトウェアです。

無形固定資産は形がない資産というだけで、有形固定資産と性質は変わりません。

のれん：会社を買収したときに生じる。高額の買収ほど通常のれんの金額も大きくなる
ソフトウェア：販売や会計、給与計算などで利用するソフトウェアを指す

上記はいずれも減価償却の対象です。

無形固定資産は有形固定資産と違って、すべて純額（買った値段−減価償却累計額）で表示されます。

のれん

ソフトウェア

第2章 貸借対照表の主要項目

CHAPTER 9

資産⑤
有価証券

主な有価証券は「社債」と「株式」

有価証券にはいろいろな種類がありますが、代表的なものは以下の2つです。

①社債
会社は社債を発行してお金を借りることができます。別の会社が発行する社債を取得した場合に、有価証券として決算書に登場します。

②株式
会社は株式を発行してお金を集めることができます。すべての株式会社は株式を発行しています。詳細は純資産の項目で発行する立場から説明しますが、グループ外の会社が発行する株式を取得した場合に有価証券として決算書に登場します。

有価証券は発行している会社の状況により価値が上下するため、基本的にはその上下を決算書に反映させます。時価がわかる場合（株価が公表されている場合など）には、時価で表示します。

なお、決算書には「有価証券」「投資有価証券」と2つの言葉が登場しますが、どちらも本節で説明した有価証券のことであり、違いは細かいので意識する必要はありません。

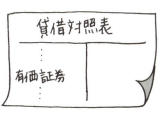

社債

株式

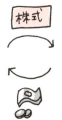

第2章 貸借対照表の主要項目

CHAPTER 10

負債①
仕入債務

商品やサービスを提供されたのに払っていないお金が「仕入債務」

　ひととおり資産を見てきましたので、次は負債を見ていきましょう。

　仕入債務は、売上債権の対となる言葉です。原価のうち商品やサービスの提供は受けたものの、まだ払っていない代金を指します。

　仕入債務の主な項目には、支払手形・電子記録債務・買掛金・工事未払金があります。各項目の特徴は以下のとおりです。

支払手形：代金支払いを約束する手形を渡している場合の仕入債務を指す

電子記録債務：手形の電子版である電子記録債務をもらっている場合の仕入債務を指す

買掛金：手形・電子記録債務をもらっていない場合の仕入債務を指す

工事未払金：買掛金と同義で、建設業の場合に用いられる

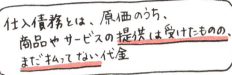

支払手形

電子記録債務

買掛金

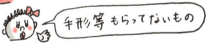

工事未払金

CHAPTER 11 **負債②
前受金**

前もってお金をもらっている場合が「前受金」

　前受金とは、売上前にもらったお金を指します。

　売上とは「企業が顧客に商品やサービス提供して、もらう代金」のことでした。つまり商品やサービスをまだ顧客に提供していないのに先にお金をもらった場合に前受金となります。

　カフェのプリペイドカードを再び例に挙げます。

　プリペイドカードに1万円入れたら、企業には1万円お金が入りますが、まだお客さんには何も提供していません。この場合、1万円は前受金となります。

　建設業の決算書の場合には、前受金の代わりに「未成工事受入金」という名称になりますが、中身に違いはありません。

CHAPTER 12

負債③
借金

手元のお金だけでは足りないから借りる!

　借金の主な項目には、短期借入金・長期借入金・コマーシャルペーパー・社債・新株予約権付社債があります。

　世の中、手元のお金だけでは必要なものが買えないことがあります。

　そこで多くの企業は、銀行等からお金を借りて事業をしています。借りている期間中は利息が発生し、期限がきたら返済します。

短期借入金：名前のとおりですが、短期借入金のほうが、通常金利は低いものの、近い将来返済しなければいけません

長期借入金：長期借入金が多ければ、銀行が長く貸しても大丈夫だろうと思っていると言えます

コマーシャル・ペーパー：短期借入金と類似のものです

社債：長期借入金と類似のものです

新株予約権付社債：新株予約権とセットになった社債のことで、セットの分だけ支払う利息が少なくなります。新株予約権は、株式をある値段で購入できる権利です

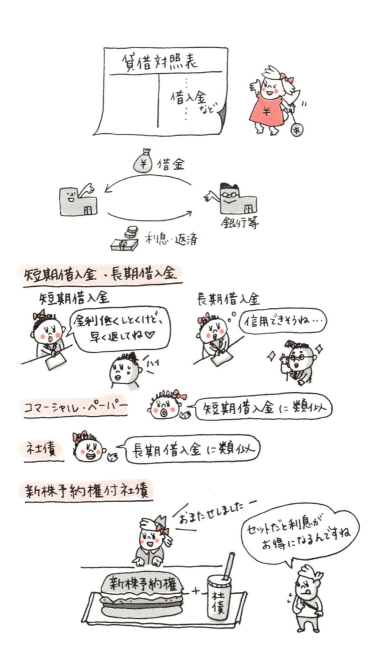

CHAPTER 13

負債④ 引当金

過去を見て、将来のマイナスを予想する

引当金の主な項目には、賞与引当金・工事損失引当金・貸倒引当金・退職給付に係る負債があります。

引当金は過去に起きたことによって将来起こりそうなマイナスを見積もって、負債として表示したものです。賞与引当金を例にして考えます。

賞与はボーナスとも呼ばれ月々の給与とは別に支給されます。よくある支給パターンは下記のとおりです。

夏のボーナス：10月〜翌年3月の評価をもとに7月に支給
冬のボーナス：4月〜9月の評価をもとに12月に支給

賞与引当金について「過去に起きたこと」とは従業員の労働、「将来起こりそうなマイナス」は賞与の支給を指します。例えば、3月末時点の貸借対照表では、夏のボーナスが議論の対象となります。貸借対照表作成段階では支給金額がはっきりと決まっていないかもしれません。それでも、見積もり金額を賞与引当金として負債表示することが求められます。

主要な引当金について以下にまとめます。

項目	過去に起きたこと	将来起こりそうなマイナス	備考
賞与引当金	従業員の労働	賞与の支給	
工事損失引当金	工事契約の締結	契約案件が赤字見込み	
貸倒引当金	債務の発生	相手が払ってくれない	資産のマイナスで表示される
退職給付に係る負債	従業員の労働	退職金の支給	退職給付引当金とも呼ばれる

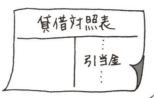

『過去に起きたこと』によって、『将来起こりそうなマイナス』

賞与引当金 の場合

『過去に起きたこと』によって、『将来起こりそうなマイナス』

従業員の労働

賞与の支給

工事損失引当金 の場合

『過去に起きたこと』によって、『将来起こりそうなマイナス』

工事契約の締結

赤字の発生

CHAPTER 14

純資産①
資本金等～その1

純資産の筆頭！　資本金

次に純資産について見ていきます。まずは資本金等です。資本金等の主な項目には、資本金、資本準備金、資本剰余金があります。

資本金について知るためには株式について知ることが肝要です。そこで仮想で株式会社を作ってみることにしましょう。法律の手続を省略した手順は以下のとおりです。

（1）株式を引き受けてくれる人を探す（自分でも他の人でも、他の株式会社でもよい、1人でも複数でもよい）。
（2）（1）で探した人に株式を渡してお金をもらう。株式を持つ人のことを株主と呼ぶ。

株主はお金を出す代わりに以下の3つの特典を得られます。

①会社の意志決定の場（株主総会と呼ぶ）での議決権
②利益の分配（配当と呼ぶ）をもらう
③会社が解散するときに残った財産をもらう

ただし、それぞれ1人1個というわけではありません。株式は1株、2株と数えますが、100株持っている人は1株持っている人の100倍の特典が得られます。

一方、会社がうまくいかずお金が全部なくなってしまったら、出資したお金を返してもらうことはできません。

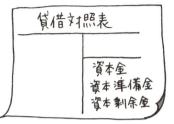

 株式会社を作ってみよう！

(1) 株式を引き受けてくれる人を探す

(2) 株式を渡してお金をもらう

株主が得られる **3**つの特典

① 株主総会での議決権

② 配当をもらう

③ 残った財産をもらう

CHAPTER 15

純資産①
資本金等～その２

上場企業の決算書は信頼性が高い

　資本金は会社が株式を発行して得たお金を指します。株式会社を作るときに株式の発行が必須なため、株式会社ができた時から存在します。前節では株式会社を作るときで説明しましたが、作った後も同じステップで株式を発行することができ、そうした場合には資本金が増えることになります。

　なお、資本準備金や資本剰余金についても、基本的な性質は資本金と一緒です。事業を営むにあたっての元手の一種と考えてください。

　ちなみに株式は、証券取引所に登録して誰でも売買可能な状態にすることができます。このことを「上場」と呼び、株式を上場している会社を「上場企業」と呼びます。大企業は株式を上場していることが多いです。また上場する場所（市場と呼ぶ）は複数ありますので、主な市場を以下にまとめておきます。

東証１部：大企業向け
東証２部：中小企業向け
マザーズ：成長中の若い企業向け
ＪＡＳＤＡＱ：成長中の企業向け

　どの市場であっても上場するには厳しい審査をクリアしなければなりません。そのため上場していない企業に比べて決算書の信頼性が高いと言えます。

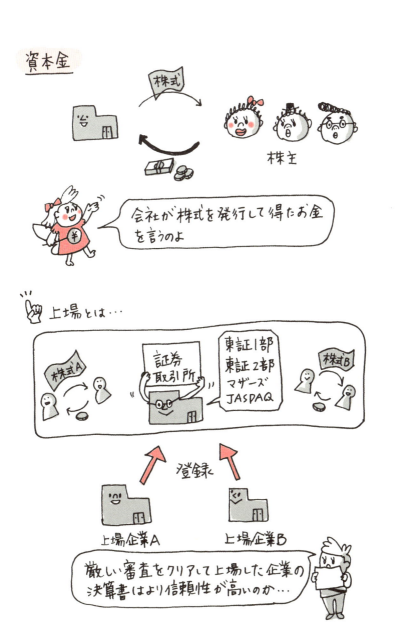

CHAPTER 16

純資産②
利益剰余金等

儲かった成果を貯める場所

　利益剰余金等の主な項目には、利益準備金・(繰越)利益剰余金・別途積立金があります。

　企業は前項の資本金等を使って事業を進めますが、そうして儲かった成果を貯める場所が利益剰余金です。

　両者の違いをRPGゲームを例として説明しましょう。ゲームを最初からスタートして以下のように進んだとします。

①王様に面会して竜王を倒すように命じられる
②最初の武器防具をそろえるために1,000Gをもらった
③1,000Gで剣と鎧を購入して装備した
④モンスターを倒して400G獲得した

このとき、資本金と利益剰余金はいくらになるでしょう。

　資本金は事業を営むにあたっての「元手」を指し、それは王様から最初にもらった1,000Gです。その1,000Gを使って獲得した400Gが利益剰余金となります。このあとさらにモンスターを倒して得たお金や宝箱から得たお金はすべて利益剰余金となります。

　主な項目に挙げたものは細かい違いはありますが、最初は特に気にする必要はありません。どれも上で説明した利益剰余金と同じとお考えください。

資本金等と利益剰余金の違いをRPGで表すと…

① 王様に面会して… ② その際、1,000Gをもらった

これが「元手」の資本金ね！

③ 1,000Gで装備した ④ モンスターを倒して400G獲得した

これは資本金を使って獲得した利益剰余金ね

第2章 貸借対照表の主要項目

CHAPTER 17 流動と固定の意味と例

資産と負債は流動と固定に分かれている

　ここまで、貸借対照表の主要項目について見てきましたが、決算書上では、資産と負債の各項目はそれぞれ流動と固定に分類されます。それぞれの意味と例示は以下のとおりです。

流動資産：現金及び預金と短期間で「お金をもらう」or「使う」資産
　　　　　売掛金は短期間でお金をもらう→流動資産
　　　　　たな卸資産は短期間で使う（売る）→流動資産

固定資産：長期間かけて「お金をもらう」or「使う」資産
　　　　　建物は長期間かけて使う→固定資産

流動負債：短期間で「お金を払う」or「使ってもらう」負債
　　　　　短期借入金は短期間でお金を払う→流動負債
　　　　　前受金は短期間で使う（売上金に充当）→流動負債

固定負債：長期間かけて「お金を払う」or「使ってもらう」負債
　　　　　長期借入金は長期間でお金を払う→固定負債

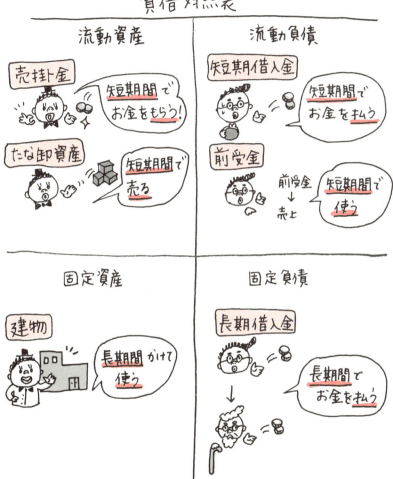

CHAPTER 18

貸借対照表で一番見るべきポイント

最初はコレだけ見ておけばだいたいOK

　貸借対照表の項目とその要素を見てきましたが、多くの項目があって一度に覚えるのは大変だと思います。
　そこで、貸借対照表を見るにあたってシンプルで一番大事なポイントをお教えしましょう。

　それが、「現金及び預金」と「借金」を比較することです。
　比較するときの目安を以下に示します。

　現金及び預金が借金よりも多い会社は、資金的にかなり余裕のある会社ですぐには倒産しにくい会社です。
　借金が現金及び預金の5倍よりも多い会社は、資金的な余裕がない会社です。これだけでは、すぐに倒産するということではありませんが、しっかり利益をあげて借金を返済していかなければならない状況です。
　決算書に慣れるまでは、貸借対照表は上記のように「現金及び預金」と「借金」を比較する、という読み方でも大丈夫だと思います。

第2章 貸借対照表の主要項目

Column 決算書に慣れるまでは高額な項目だけに注目する

　決算書の主要項目を説明しましたが、実際には項目数は膨大にあり、お手元の決算書の項目のうちここで説明していないものもあると思います。

　しかし、決算書を見るために重要なことは、少額項目は最初のうちは気にしないということです。

　例えば、3千万円のたな卸資産があったとします。3千万円といったら個人にとっては大金ですが、会社にとっては高額ではありません。お手元の（連結）貸借対照表の資産合計を見てみてください。会社の決算にはおそらく重大な影響はないでしょう。

　一方300億円のたな卸資産があったとします。さきほどの1000倍の金額であり、会社の規模にもよりますが、資産合計のうち大きな割合を占める可能性があります。どういったたな卸資産を保有しているのか気になってきます。

　このように高額な項目に注目することが大切なのです。

第3章

損益計算書の主要項目

CHAPTER 1

営業利益の計算

「ある時点」の貸借対照表、「ある期間」の損益計算書

　これまで説明した貸借対照表の項目はすべて「ある時点」の金額（例えば3月31日時点）でしたが、**損益計算書は「ある期間」で集計した金額**（例えば4月1日から翌年3月31日まで）である点に注意して読み進めてください。

　最初は営業利益の計算要素です。営業利益は本業で得られた利益を指し、営業利益＝売上高−売上原価−販売費及び一般管理費の算式で求めます。

売上高：期間中の売上の合計です
売上原価：期間中の売上原価の合計です
販売費及び一般管理費：企業は売上高を伸ばすために商品の価
　　　　　　　　　　　値を高める以外にもさまざまな活動を
　　　　　　　　　　　しています。販売や管理のための費用
　　　　　　　　　　　を販売費及び一般管理費に表示します

販売費及び一般管理費の主な項目は以下のとおりです。

従業員給料手当：営業部門及び総務部・経理部などの管理部門
　　　　　　　　の従業員の給料
減価償却費：固定資産を減価償却して資産を減らしたときの費
　　　　　　用
賞与引当金繰入額：賞与引当金（負債）を表示したときの費用
退職給付費用：退職給付に関連して発生した費用

ここからは **損益計算書の各利益** について見ていきます

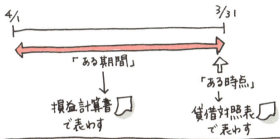

営業利益 ＝ 売上高 － 売上原価 － 販売費及び一般管理費

売上高 ➡ 期間中の売上の合計

売上原価 ➡ 期間中の売上原価

販売費及び一般管理費 ➡ 販売や管理のための費用

営業利益 ➡ 本業で得られた利益

CHAPTER 2 経常利益の計算

本業以外の収益と費用を加味する

次に経常利益の計算要素です。経常利益は本業だけではない毎期発生する項目を加味した成果を示します。

経常利益には、主な項目に支払利息・受取配当金・為替差損益があり、経常利益＝営業利益＋営業外収益−営業外費用という数式で算出します。

営業外収益・費用の主な項目は以下のとおりです。

支払利息：借金で発生する利息費用
受取配当金：株式を保有していた場合に受け取る配当金
為替差損益：ドル・ユーロなどの外貨は、毎日為替市場で取引がされて、相場が変動する。外貨預金や外貨売上債権の相場変動による損得を示す

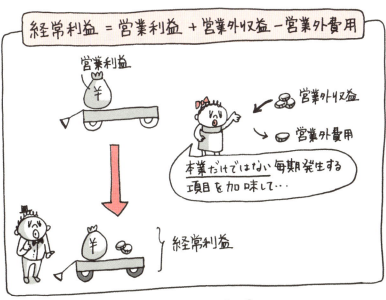

[主な営業外収益・費用の項目]

支払利息

受取配当金

為替差損益

CHAPTER 3 当期純利益の計算

全部をひっくるめた計算

　<u>当期純利益</u>とは臨時の項目や税金などすべてを加味した成果のことです。

　当期純利益は企業に残って純資産の利益剰余金等を構成することになり、最終利益や純利益などと呼ばれることもあります。

　当期純利益の算出には、特別利益・特別損失・法人税等・法人税等調整額などの要素が主に関わってきて、当期純利益＝経常利益＋特別利益−特別損失−法人税等−法人税等調整額−少数株主損益という計算式で算出されます。

　特別利益は、利益と名前がついていますが、当期純利益の計算要素の1つでしかありません。その期だけの臨時プラス項目を示します。同様に特別損失は臨時マイナス項目を示します。

　会社は利益に対して一定率（30〜40％程度）の税金がかかり、それは法人税等で表します。法人税等調整額は文字通りその調整ですがその意義は複雑で、かつ決算書の読解や経営分析にとって重要ではありませんので省略します。

　少数株主損益も同様に複雑かつ重要ではないので省略します。

　これらを加減した結果、当期純利益が算定されるのです。

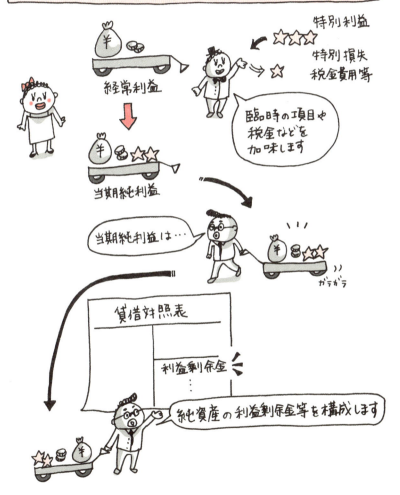

損益計算書で一番見るべきポイント

CHAPTER 4

全部プラスなら間違いなく儲かっている

損益計算書で一番見るべきポイントは、「3つの利益はプラスか」ということです。

本章で見た3つの利益（営業利益・経常利益・当期純利益）がプラスかどうかを確かめます。

この3つがすべてプラスであれば、その期の業績はよかったと言えるでしょう。逆にすべてマイナスであれば、その期の業績は悪かったと言えます。

損益計算書の見るべきポイント

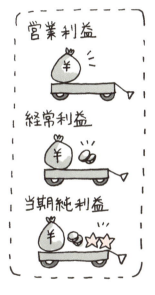

ズバリ!!
3つの利益がプラスかを見るのがポイントなんですね

すべてプラス GOOD!!

すべてマイナス… BAD…

Column 想定外！？減損損失とは

　臨時プラス（マイナス）項目である特別利益（損失）は決算書に与える影響が大きい項目もよくあります。ここでは説明を要する減損損失（特別損失の項目）を見ていきます。

　通常固定資産は減価償却により資産価値が減らされ、そのぶんの費用（減価償却費）がでます。
　当初の想定どおりに利用して儲かっているあいだはいいのですが、時として利用しても儲からないことがあります。その場合に、減価償却からさらに上積みして減損損失という項目で固定資産の資産価値を減らします。
　不採算事業で利用している固定資産から出た損失とお考えください。

第4章

株主資本等変動計算書とキャッシュ・フロー計算書

CHAPTER 1

株主資本等変動計算書とキャッシュ・フロー計算書の共通点

増減の理由を示す補足資料

　決算書の中でメインとなるのは貸借対照表と損益計算書であり、株主資本等変動計算書とキャッシュ・フロー計算書は、その補助資料といえます。本章ではこれらについて見ていきましょう。

　この2つの資料には共通点があります。それは、どちらも貸借対照表の特定の項目について、期間中にどういう理由で増減したかを示すものであるということです。株主資本等変動計算書は純資産の項目について、キャッシュ・フロー計算書は現金及び預金などからなる現金及び現金同等物について示しています。

　具体例として最もシンプルな株主資本等変動計算書を以下に示します。

	資本金	利益剰余金	合計
当期首残高	100	200	300
当期純利益	–	300	300
当期末残高	100	500	600

　当期首残高は当期開始時点、当期末残高は当期終了時点での純資産の残高を示します。資本金は変動がありませんでした。利益剰余金は当期純利益で300増えて、200から500となりました。当期純利益300の計算根拠は損益計算書を見ればわかります。

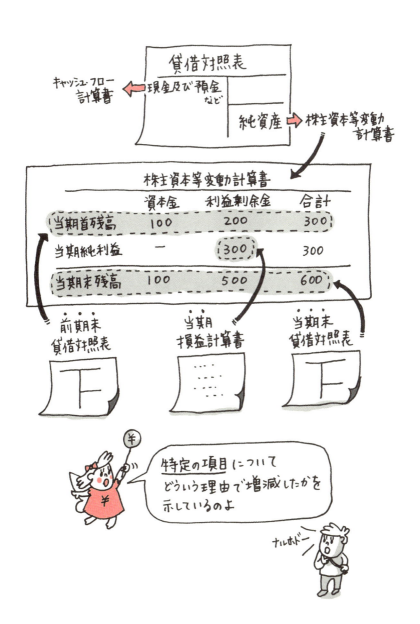

CHAPTER 2

株主資本等変動計算書でよく増減する項目

主要な増減項目は3つ！

　前項で、最も基本的な株主資本等変動計算書を見ました。ここではよく出る増減項目を説明します。

　株主資本等変動計算書で増減がよく見られる項目には、剰余金の配当・当期純利益・新株の発行などが挙げられます。

剰余金の配当：獲得した剰余金から株主に配当したときに登場します。この項目では剰余金は必ず減ることになります。なお、決算書ではマイナスは「△」を付けて「△100」などと表します

当期純利益：必ず登場する項目です。損益計算の計算結果である当期純利益で利益剰余金が増加します。なお、当期純利益の計算結果が損失の場合は、当然ですが利益剰余金が減ります。マイナスが大きかったり、何年も続いたりしたら利益剰余金がマイナスとなることもあります

新株の発行：58ページで説明した「株式の発行」で資本金が増える場合に登場します

株主資本等変動計算書	資本金	利益剰余金	合計
当期首残高	100	200	300
当期変動額			
Ⓐ 剰余金の配当	—	△100	△100
Ⓑ 当期純利益	—	300	300
Ⓒ 新株の発行	10	—	10
当期変動額合計	10	200	210
当期末残高	110	400	510

Ⓐ 剰余金の配当

剰余金　株主

Ⓑ 当期純利益

損益計算書

数字は損益計算書から取ってきています

Ⓒ 新株の発行

株式　株主

株式を発行した時に登場します

CHAPTER 3

株主資本等変動計算書で一番見るべきポイント

企業の安全性を測るなら、利益剰余金の推移を見る

株主資本等変動計算書のポイントは、ズバリ「利益剰余金の推移」です。

利益剰余金が期首から期末にどのように変動しているかを見れば

・過去から継続して利益を積み上げているか
・当期純利益により利益剰余金は増加しているか

がわかりますから、その企業がどのくらい安全かを知ることができるのです。

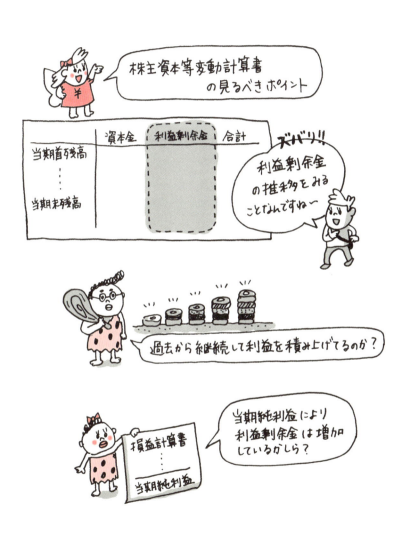

CHAPTER 4 キャッシュ・フロー計算書 その1

活動別の現金及び現金同等物の動きがわかる！

　ここからはキャッシュ・フロー計算書について見ていきます。キャッシュ・フロー計算書の構造は右ページを参照してください。

　①営業活動、②投資活動、③財務活動の3つの活動別に、現金及び現金同等物がどれだけ増減したかを示します。

　まずは営業活動から見ていきましょう。お手元の決算書でも、冒頭は税金等調整前当期純利益または税引前当期純利益となっているはずです。

　この、「利益からスタートする」仕組みには理由があります。

　再びRPGゲームを例にして考えてみましょう。

- モンスターを倒して400G獲得した
- モンスターに倒されて200G失った
- 再びモンスターを倒して500G獲得し、宝箱から300G獲得した

　この場合、冒険で得た利益は400−200+500+300=1,000Gとなります。そして現金の増加も同じ1,000Gとなります。単純なRPGの世界では、利益と現金の増減が完全に一致しているのがわかります。

　このように単純な世界の場合には、利益と現金の増減にずれは生じませんが、現実世界ではどうでしょう。

キャッシュ・フロー計算書

① 営業活動によるキャッシュ・フロー
　　　税金等調整前当期純利益
　　　　　　　　︙
② 投資活動によるキャッシュ・フロー
③ 財務活動によるキャッシュ・フロー

現金及び現金同等物の増減額
現金及び現金同等物の期首残高
現金及び現金同等物の期末残高

いい質問！

現金及び現金同等物の増減をみるのに
ナゼ利益からスタートするんでしょう？

再び 単純なRPGの世界…利益と現金の増減にズレなし

① モンスターを倒して400G獲得した　② モンスターに倒されて200G失った

③ 再びモンスターを倒して500G獲得し、宝箱から300G獲得した

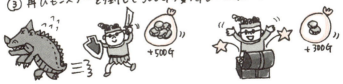

利益＝現金　　400－200＋500＋300＝1000G

第4章　株主資本等変動計算書とキャッシュ・フロー計算書

CHAPTER 5

キャッシュ・フロー計算書 その2

なんで？ 利益とお金の増減が一致しない？

　現実世界では利益とお金の増減が完全に一致しません。簡単な例で見ていきましょう。プラモデル組立屋に登場してもらいます。

①プラモデルセット 10 個（1 個 700 円）を購入した。
　クレジットカードで支払った（引き落としは翌月末）。
②組み立てて 4 個を 1 個 1,000 円で販売した。
　ただし、得意先からは翌月末に支払われる。

このとき利益は以下のように計算できます。

売上高　　4,000 円（4 個分の販売代金）
売上原価　2,800 円（4 個分の原価）
利益　　　1,200 円

　利益は 1,200 円出ましたが、仕入代金の支払いも販売代金の支払いも翌月のため、今月の現金及び現金同等物の増減は 0 となります。このように、現実世界では売上・仕入とそれぞれの支払いのタイミングが一致しないことから、利益と現金及び現金同等物の増減が一致しないことが多くあります。
　このように、キャッシュ・フロー計算書の営業活動の項目では、利益からスタートして一致しない項目を列挙していき、営業活動での現金及び現金同等物の増減を算定するようになっています。

現実世界のはなし…

① プラモデルセット10個(700円)を購入

② 4個を販売した(1000円)

```
          利益        ≠   現金及び現金同等物
売上高   4,000円   →   0円（翌月末の受取り）
売上原価 2,800円   →   0円（翌月末の支払い）
─────────────         ──────────────
利益    1,200円        現金及び現金同等物 0円
```

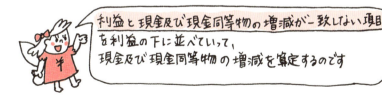

利益と現金及び現金同等物の増減が一致しない項目を利益の下に並べていって、現金及び現金同等物の増減を算定するのです

CHAPTER 6 キャッシュ・フロー計算書 その3

営業活動の主な項目を押さえよう

前項で、キャッシュ・フロー計算書の記載が利益からスタートする仕組みについて説明しました。主な項目には減価償却費・売上債権の増減・たな卸資産の増減・小計があります。

減価償却費：減価償却費は利益を減らしますが、固定資産の支払いは過去に終えているためプラスで調整します

売上債権の増減：売上債権が増えたら利益は増えますが、まだお金は入っていないためマイナスで調整します

たな卸資産の増減：たな卸資産も売上債権と同じ理屈で増えた場合にはマイナスで調整します

小計：本業での現金及び現金同等物の増減を示します。小計より下の項目は税金など純然たる営業活動でないものが含まれているため、営業活動の増減合計よりも小計が重視されます

現金及び現金同等物の増減が一致しない主な項目

項目	利益	現金及び現金同等物	調整
減価償却費	△ 減る	動きなし	＋
売上債権の増減	＋ 増える	動きなし	△
	(△ 減る	動きなし	＋)
たな卸資産の増減	＋ 増える	動きなし	△
	(△ 減る	動きなし	＋)
小計	本業での現金及び現金同等物の増減		

キャッシュ・フロー計算書

税金等調整前当期純利益	×××
減価償却費	＋ ×××
売上債権の増減	△ ×××
たな卸資産の増減	△ ×××
小計	×××

利益からスタートして、現金及び現金同等物の増減と一致しない項目を、一致するように調整しているのよ

CHAPTER 7

キャッシュ・フロー計算書 その4

投資活動と財務活動はざっくりでいい

次にキャッシュ・フローのうち「投資活動」、「財務活動」について説明します。これらは前項までで説明した「営業活動」とは違って、目的ごとの収入・支出に分類します。

①投資活動によるキャッシュ・フローの主な項目

有形固定資産の取得による支出
→建物や機械の取得支出は投資活動に表示します。

②財務活動によるキャッシュ・フローの主な項目

長期借入れによる収入、長期借入金の返済による支出、配当金の支払額
→長期借入れの収入や返済支出、配当金の支払いなどは財務活動に表示します。

投資活動と財務活動については、それぞれ合計額でどのくらい現金及び現金同等物を使ったり、もらったりしているかを見るくらいで十分です。

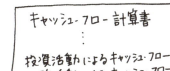

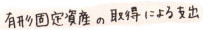

CHAPTER 8 キャッシュ・フロー計算書で一番見るべきポイント

利益が出ていれば多くの場合は小計もプラスに

　キャッシュ・フロー計算書で見るべきポイントは、「小計」の数値です。

　多くの場合、損益計算書で利益がプラスならば、キャッシュ・フロー計算書の小計の数値もプラスとなります。

　売上・仕入とそれぞれの支払いのタイミングが一致しないとはいえ、いつかは代金の支払いがあるわけですから、大きな差が生じないのです。

　しかし、利益が大きくプラスなのにキャッシュ・フロー計算書の小計の数値が大きくマイナスとなる場合がまれにあります。この点については本章末コラムで紹介します。

キャッシュ・フロー計算書の見るべきポイント

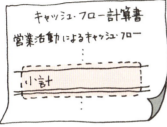

ズバリ!! 小計の数値を見ることなんですね

損益計算書の利益が**プラス**なら、多くの場合、キャッシュ・フロー計算書の小計の数値も**プラス**になります

大きな差が生じた場合の例示は、次の**コラム**を check!!

Column 利益がプラスで小計がマイナスの場合の留意事項

　小計の数値は、たいていの場合には利益と大きな差が生じません。本書でこのあと触れる実例でも差が生じないものばかりですので、ここで大きな差が生じている会社を例として見ていきます。

　江守グループホールディングス　平成 26 年 3 月期決算短信より
　＜連結キャッシュ・フロー計算書＞
　営業活動によるキャッシュ・フロー　（単位：千円）
　　税金等調整前当期純利益　5,390,632
　　(中略)
　　売上債権の増減額（△は増加）　△ 14,115,425
　　(中略)
　　小計　△ 3,380,847

　利益がプラスなのに売上債権の増加により、小計が大きくマイナスとなっています。
　この会社は数年間利益プラス、小計大きくマイナスの状況が続き、結局増加した売上債権を回収できずに、平成 27 年 4 月に民事再生法の適用を申請し倒産します。
　順調に利益を得ていても、最終的に資金回収ができないと倒産してしまいます。
　小計を見ることによって利益が資金回収を伴うものであるかどうかがわかるため、大切なのです。

第 5 章

小売業の決算書

CHAPTER 1

一本ラーメン（株）の決算書を見る

小売業の決算書を見よう

　決算書とひとくちに言っても、業種によってよく見られる形や違いがあります。

　本章からは、3つの業種についての仮想の決算書を見ながら、具体的に解説していきます。最初は小売業の「一本ラーメン」を見ていきましょう。

　ラーメン屋を営む一本ラーメン（株）は、20メートルの長い麺が1本だけ入っているという奇抜なラーメンで人気を博しています。最近では、街でもよく見かけるようになって、調子はよさそうに見えます。

　実際のところ、経営状態はどうなっているのかを知るために、決算書を見ることにしました。

　会社のホームページから入手した決算書セットの数値は99～101ページのようになっています。

　決算書の主要項目についてはすでに解説していますが、次項から再度具体的に説明していきます。

一本ラーメン
第5期決算書(非連結)

【貸借対照表】

(単位:千円)

当事業年度
平成27年3月31日

資産の部	
流動資産	
現金及び預金	212,000
売掛金	2,000
商品	19,000
繰延税金資産	4,000
その他	6,000
貸倒引当金	△1,000
流動資産合計	242,000
固定資産	
有形固定資産	
建物(純額)	245,000
機械及び装置(純額)	12,000
土地	112,000
有形固定資産合計	369,000
無形固定資産	20,000
投資その他の資産	
差入保証金	125,000
その他	20,000
投資その他の資産合計	145,000
固定資産合計	534,000
資産合計	776,000
負債の部	
流動負債	
買掛金	191,000
短期借入金	87,000
賞与引当金	66,000
その他	27,000
流動負債合計	371,000
固定負債	
長期借入金	206,000
資産除去債務	30,000
固定負債合計	236,000
負債合計	607,000
純資産の部	
株主資本	
資本金	120,000
利益剰余金	49,000
株主資本合計	169,000
純資産合計	169,000
負債純資産合計	776,000

【損益計算書】　　　　　　　　　　　　　（単位：千円）

	当事業年度 平成26年4月1日～ 平成27年3月31日
売上高	1,512,000
売上原価	421,000
売上総利益	1,091,000
販売費及び一般管理費	955,000
営業利益	136,000
営業外費用	
支払利息	4,000
営業外費用合計	4,000
経常利益	132,000
特別損失	
減損失	42,000
特別損失合計	42,000
税引前当期純利益	90,000
法人税、住民税及び事業税	10,000
法人税等調整額	△4,000
法人税等合計	6,000
当期純利益	84,000

【株主資本等変動計算書】
当事業年度(平成26年4月1日～平成27年3月31日)　　　　　　　　(単位:千円)

	株主資本			純資産合計
	資本金	利益剰余金	株主資本合計	
当期首残高	120,000	△35,000	85,000	85,000
当期変動額				
当期純利益		84,000	84,000	84,000
当期変動額合計	－	84,000	84,000	84,000
当期末残高	120,000	49,000	169,000	169,000

【キャッシュ・フロー計算書】　　　　　　　(単位:千円)

	当事業年度 平成26年4月1日～ 平成27年3月31日
営業活動によるキャッシュ・フロー	
税引前当期純利益	90,000
減価償却費	22,000
減損損失	42,000
たな卸資産の増減額(△は増加)	△12,000
仕入債務の増減額(△は減少)	31,000
その他	2,000
小計	175,000
利息の支払額	△3,000
法人税等の支払額	△4,000
営業活動によるキャッシュ・フロー	168,000
投資活動によるキャッシュ・フロー	
有形固定資産の取得による支出	△92,000
差入保証金の差入による支出	△50,000
投資活動によるキャッシュ・フロー	△142,000
財務活動によるキャッシュ・フロー	
短期借入金の純増減額 　(△は減少)	11,000
長期借入れによる収入	100,000
財務活動によるキャッシュ・フロー	111,000
現金及び現金同等物の増減額 (△は減少)	137,000
現金及び現金同等物の期首残高	75,000
現金及び現金同等物の期末残高	212,000

CHAPTER 2 主要登場項目のおさらい その1

売掛金とたな卸資産

①売掛金

「売掛金」とは、商品の提供は終わったものの、まだもらっていない代金を指します。

小売業は、商品提供後代金をすぐに現金でもらうことが多く（ラーメン代もすぐ現金で払いますね）、まだもらっていない代金というのはそんなにありません。

ただしクレジットカード払いの場合には、後日クレジット会社からラーメン屋に支払われますので、それは売掛金となります。

②たな卸資産

たな卸資産は、売上にカウントされる前の原価のことです。

小売業では、顧客に提供する前の商品を指します。一本ラーメンの厨房にある20メートルの長い麺もたな卸資産です。

一般的に小売業は、顧客に提供するための商品を幅広く調達しておく必要がありますので、たな卸資産は多くなります。

(1) 売掛金

「売掛金」として計上

(2) たな卸資産

「たな卸資産」として計上

CHAPTER 3 **主要登場項目のおさらい その2**

建物・土地、差入保証金、買掛金

③建物・土地

　小売業は顧客にサービスを提供するために、多くの場所に出店します。自社で土地を購入し建物を建てることもあり、その場合には建物・土地が多くなります。

　不動産を借りた場合でも、内装や水周りの工事が必要となり工事代金は建物として固定資産となるため、建物が多くなります。

④差入保証金

　不動産を借りた場合には、敷金が必要となります。敷金は差入保証金として表されます。

⑤買掛金

　買掛金は、商品を仕入先から受け取っているが、まだ支払っていない代金を指します。

　小売業の仕入は会社間取引のため、締日と支払日を決めていることが多く、買掛金は多くなります。

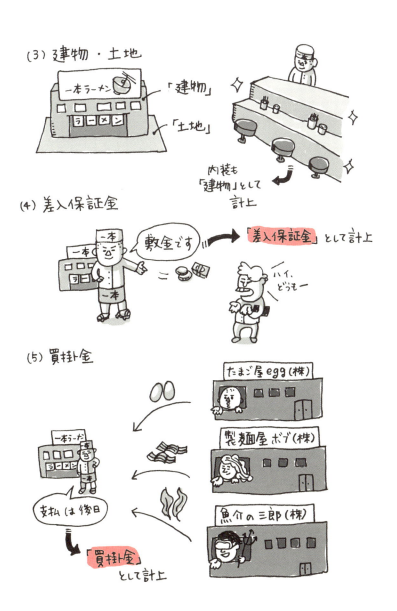

CHAPTER 4

一本ラーメンの経営はどうか？
その1

決算書から見える経営状況

　おさらいが終わったところで、決算書から会社の状況を読み解く、つまり「経営分析」にすすみましょう。

　最初に、資料別のもっとも注目すべきポイントをあらためて提示します。

　①貸借対照表：現金及び預金と借金の比較
　②損益計算書：3つの利益はプラスか
　③株主資本等変動計算書：利益剰余金の推移
　④キャッシュ・フロー計算書：小計の数値

　これらの項目を見てどんなことがわかるのか、ひとつずつ見ていきましょう。

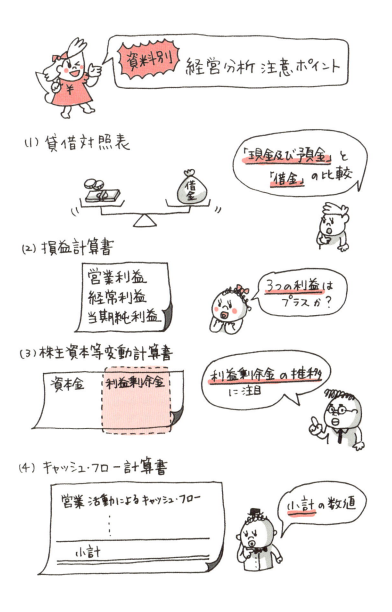

CHAPTER 5

一本ラーメンの経営はどうか？その2

一本ラーメンの貸借対照表と損益計算書を見る

①貸借対照表：現金及び預金と借入の比較

現金及び預金：212,000 千円
借金：293,000 千円（短期借入金と長期借入金の合計）

借金のほうが現金及び預金よりも多い状況です。借金が多いと心配に思われるかもしれませんが、多くの企業がそうなのでこの時点で心配することはありません。

現金及び預金の方が借金より多い会社：かなり余裕がある
借金が現金及び預金の5倍より多い会社：資金的な余裕がない

一本ラーメンの場合には、上記のどちらにもあてはまりませんので、余裕ありでも余裕なしでもない状況です。

②損益計算書：3つの利益はプラスか

営業利益：136,000 千円
経常利益：132,000 千円
当期純利益：84,000 千円

すべてプラスであり、当期の業績はよかったと言えるでしょう。

(1) 貸借対照表

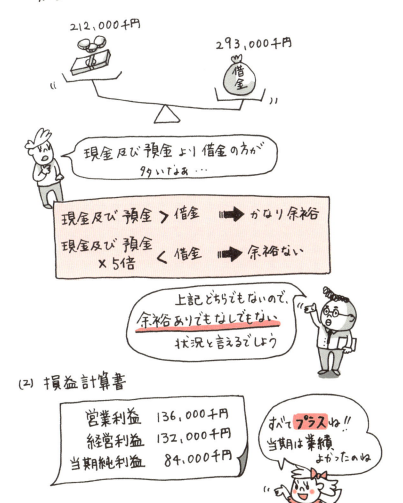

現金及び預金より借金の方が多いなあ…

現金及び預金 ＞ 借金 ➡ かなり余裕

現金及び預金 ×5倍 ＜ 借金 ➡ 余裕ない

上記どちらでもないので、余裕ありでもなしでもない状況と言えるでしょう

(2) 損益計算書

営業利益　　136,000千円
経営利益　　132,000千円
当期純利益　 84,000千円

すべてプラスね!!
当期は業績、よかったのね

CHAPTER 6

一本ラーメンの経営はどうか？
その3

一本ラーメンの補足資料を見る

③株主資本等変動計算書：利益剰余金の推移

　　当期首残高　△35,000千円
　　当期純利益　　84,000千円
　　当期末残高　　49,000千円

　前期までの事業活動の累積ではマイナスだったものの、当期業績がよかったことによって、累積でプラスになり始めたことがわかります。

④キャッシュ・フロー計算書：小計の数値

　　小計：175,000千円

　営業活動で現金及び現金同等物が着実に増加しており、問題ありません。

　まとめると、これまで儲かっていなかったものの、業績がよくなってきたことが読み取れます。
　しかし、ようやく利益剰余金がプラスとなり始めた段階のため、人気が衰えるとすぐに路頭に迷うことになってしまうかもしれません。油断せず頑張らなければいけませんね。

(3) 株主資本等変動計算書

	資本金	利益剰余金
当期首残高	…	△35,000千円
当期純利益	…	84,000千円
当期末残高	…	49,000千円

(4) キャッシュ・フロー計算書

Column: 「現金及び預金」だけでは判断できない場合もある

　ここで貸借対照表のポイントについて補足します。以下は平成27年3月期 ANAホールディングスの貸借対照表（単位：百万円）から抜粋したものです。

（資産の部）
現金及び預金　43,901
有価証券　278,692
（負債の部）
短期借入金　200
1年内返済予定の長期借入金　138,263
1年内償還予定の社債　65,000
社債　75,000
長期借入金　514,403

　これを、注目すべきポイントで分析すると、「現金及び預金：43,901」「借金：792,866」となり、借金が現金及び預金の5倍以上ある、相当余裕のない会社に見えます。

　しかし、この会社は有価証券を多く保有しています。おそらく、預金よりも利率がよく、すぐに換金できるファンド等に拠出していると思われるのですが、こういった場合には有価証券も含めて余裕の有無を判定する必要があります。

　すると、「現金及び預金と有価証券の合計：322,593」「借金：792,866」となり、この結果、余裕ありでも余裕なしでもない状況と読み取れます。

第6章

製造業の決算書

CHAPTER 1

醤油メーカーの雄！
Showyou（株）登場

製造業の決算書を見てみよう

次に製造業の決算書を見ていきましょう。

見ていく会社は醤油メーカーのShowyou（株）です。明治時代の創業で社歴が長く、海外にも展開しています。

同じように経営はどうなっているのかを知るために、決算書を見ていきましょう。

決算書セットは115〜117ページのとおりです。

次節から各項目について、具体的に説明していきます。

Showyou
第65期決算書(連結)

【連結貸借対照表】 （単位：百万円）

当連結会計年度
平成27年3月31日

資産の部	
流動資産	
現金及び預金	12,000
受取手形及び売掛金	15,000
商品及び製品	10,000
仕掛品	6,000
原材料及び貯蔵品	2,000
繰延税金資産	1,000
貸倒引当金	△1,000
流動資産合計	45,000
固定資産	
有形固定資産	
建物及び構築物（純額）	27,000
機械及び装置（純額）	9,000
工具、器具及び備品（純額）	4,000
土地	22,000
有形固定資産合計	62,000
無形固定資産	5,000
投資その他の資産	
投資有価証券	9,000
繰延税金資産	1,000
投資その他の資産合計	10,000
固定資産合計	77,000
資産合計	122,000
負債の部	
流動負債	
支払手形及び買掛金	5,000
短期借入金	2,000
未払法人税等	1,000
その他	6,000
流動負債合計	14,000
固定負債	
長期借入金	4,000
転換社債型新株予約権付社債	4,000
退職給付に係る負債	9,000
固定負債合計	17,000
負債合計	31,000
純資産の部	
株主資本	
資本金	11,000
資本剰余金	4,000
利益剰余金	84,000
株主資本合計	99,000
その他の包括利益累計額	
その他有価証券評価差額金	1,000
為替換算調整勘定	△8,000
退職給付に係る調整累計額	△1,000
その他の包括利益累計額合計	△8,000
純資産合計	91,000
負債純資産合計	122,000

【連結損益計算書】　　　　　　　　　　　（単位：百万円）

当連結会計年度
平成26年4月1日～
平成27年3月31日

売上高	34,000
売上原価	17,000
売上総利益	17,000
販売費及び一般管理費	6,000
営業利益	11,000
営業外費用	
為替差損	4,000
営業外費用合計	4,000
経常利益	7,000
税金等調整前当期純利益	7,000
法人税、住民税及び事業税	2,000
法人税等調整額	△1,000
法人税等合計	1,000
少数株主損益調整前当期純利益	6,000
当期純利益	6,000

【連結キャッシュ・フロー計算書】　　　　（単位：百万円）

当連結会計年度
平成26年4月1日～
平成27年3月31日

営業活動によるキャッシュ・フロー	
税金等調整前当期純利益	7,000
減価償却費	5,000
たな卸資産の増減額（△は増加）	2,000
仕入債務の増減額（△は減少）	△3,000
その他	2,000
小計	13,000
法人税等の支払額	△4,000
営業活動によるキャッシュ・フロー	9,000
投資活動によるキャッシュ・フロー	
有形固定資産の取得による支出	△6,000
投資活動によるキャッシュ・フロー	△6,000
財務活動によるキャッシュ・フロー	
短期借入金の純増減額（△は減少）	△2,000
長期借入れによる収入	1,000
財務活動によるキャッシュ・フロー	△1,000
現金及び現金同等物の増減額（△は減少）	2,000
現金及び現金同等物の期首残高	10,000
現金及び現金同等物の期末残高	12,000

【連結株主資本等変動計算

当連結会計年度（平成26年4月1日～平成27年3月31日）　　　　　　（単位：百万円）

	株主資本			
	資本金	資本剰余金	利益剰余金	株主資本合計
当期首残高	11,000	4,000	81,000	96,000
当期変動額				
剰余金の配当			△3,000	△3,000
当期純利益			6,000	6,000
株主資本以外の項目の当期変動額(純額)				
当期変動額合計	－	－	3,000	3,000
当期末残高	11,000	4,000	84,000	99,000

	その他の包括利益累計額			
	その他有価証券評価差額金	為替換算調整勘定	退職給付に係る調整累計額	その他の包括利益累計額合計
当期首残高	2,000	△6,000	△3,000	△7,000
当期変動額				
剰余金の配当				
当期純利益				
株主資本以外の項目の当期変動額(純額)	△1,000	△2,000	2,000	△1,000
当期変動額合計	△1,000	△2,000	2,000	△1,000
当期末残高	1,000	△8,000	△1,000	△8,000

	純資産合計
当期首残高	89,000
当期変動額	
剰余金の配当	△3,000
当期純利益	6,000
株主資本以外の項目の当期変動額(純額)	△1,000
当期変動額合計	2,000
当期末残高	91,000

CHAPTER 2

主要登場項目のおさらい その1

製造業で特に多く見られる項目はコレ！

①受取手形及び売掛金

売掛金は、商品の提供は終わったものの、まだもらっていない代金を指します。製造業では、顧客は小売業などの会社となることが多く、製品提供後しばらくしてから、代金を回収することが多いです。また、売掛金の支払いのために手形を受け取ることもよくあります。

そのため、小売業よりは受取手形及び売掛金は多くなるのが普通です。

②たな卸資産

たな卸資産は、売上にカウントされる前の原価のことでしたね。

製造業では、材料を購入してから加工等を経て完成品にして顧客に提供しますので、いくつかの種類のたな卸資産が登場します。

原材料：購入した材料を指します。醤油の原料は大豆、小麦、食塩等です。まだ加工をはじめていないこれら原料が原材料としてカウントされます

仕掛品：加工を始めたけどもまだ完成していない醤油が仕掛品としてカウントされます

製品：加工し終えた醤油が製品としてカウントされます

(1) 受取手形及び売掛金

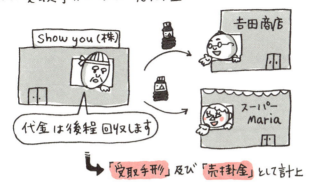

(2) たな卸資産

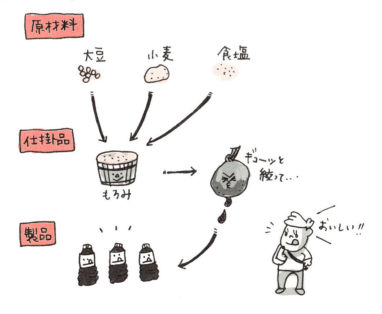

CHAPTER 3

主要登場項目のおさらい その2

Showyou（株）で見る固定資産と為替差損益

③固定資産（建物、機械装置、土地など）

製造するためには、製造のための工場や機械が必要となります。

工場の敷地は土地、建屋は建物として決算書に登場します。また、原料を混ぜたり醤油を絞る機械などは機械装置として登場します。

作るものにもよりますが、製造業ではこれらへの投資が多くなるのが常です。

④為替差損益

為替差損益とは、保有している外貨預金や外貨売上債権の為替相場変動による損得を示します。

日本で作ったものを海外へ輸出する場合には、円安になればなるほど、為替により得をすることとなります（右ページ参照）。

(3) 固定資産

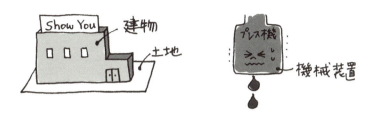

(4) 為替差損益

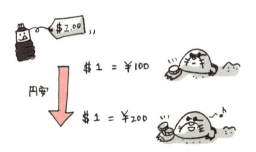

CHAPTER 4 Showyouの経営はどうか？その1

Showyouの貸借対照表と損益計算書の分析

さて、Showyouの決算書を見て、会社の状況がどうなっているかを読み解いてみましょう。

①連結貸借対照表：現金及び預金と借金の比較

　　現金及び預金：12,000百万円
　　借金：10,000百万円（短期借入金、長期借入金、転換社債型
　　　　　　　　　　　新株予約権付社債の合計）

現金及び預金の方が借金よりも大きく余裕のある会社だということがわかります。

②連結損益計算書：3つの利益はプラスか

　　営業利益：11,000百万円
　　経常利益：7,000百万円
　　当期純利益：6,000百万円

損益計算書で見るべき3つの利益もすべてプラスであり、業績は好調だと言えます。

(1) 連結貸借対照表

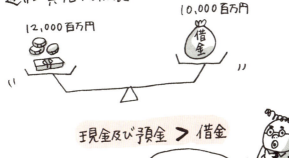

(2) 連結損益計算書

CHAPTER 5 Showyouの経営はどうか？その2

Showyouの補足資料を読み解く

③連結株主資本等変動計算書：利益剰余金の推移

```
当期首残高      81,000百万円
剰余金の配当  △ 3,000百万円
当期純利益       6,000百万円
当期末残高      84,000百万円
```

前期までで、すでに剰余金の蓄えがたくさんあり、当期業績によりさらに剰余金が増えています。

剰余金の配当でのマイナスは、株主に蓄えを分配するもので、企業経営が順調であることが伺えます。

④連結キャッシュ・フロー計算書：小計の数値

小計：13,000百万円

営業活動で現金及び現金同等物が着実に増加しており、問題ありません。

まとめると、長い社歴の中で順調に利益の蓄えを増やしてきていて、今期の業績もよいことから、とても経営状況のよい会社であることがわかります。

(3) 連結株主資本等変動計算書

	資本金	利益剰余金
当期首残高	…	81,000百万円
剰余金の配当	…	△3,000百万円
当期純利益	…	6,000百万円
当期末残高	…	84,000百万円

(4) 連結キャッシュ・フロー計算書

Column 従業員の平均給与も見ることができる

　決算書が載っている資料に、従業員の平均給与が記載されている箇所があるので、ご紹介します。

　それが、「有価証券報告書」という名称の資料で、第一部【企業情報】の第1【企業の概況】のうち5【従業員の状況】の部分。ここに、その会社自身の平均年間給与が掲載されています。

　有価証券報告書は上場企業が作成していて、「Edinet」という金融庁のシステムを利用すれば見ることができます。

第 7 章

建設業の決算書

CHAPTER 1

ニッポンの公園環境を支える！
（株）日本公園建設

建設業の決算書を見てみよう

次に建設業の決算書を見ていきましょう。

見ていくのは、公園の造成専門業の（株）日本公園建設。同社は市区町村から依頼を受けて、公園の設計施行を行う会社です。

（株）日本公園建設の決算書セットは129〜131ページのとおりです。

次節から各項目について、具体的に説明していきます。

日本公園建設
第33期決算書(連結)

【連結貸借対照表】 (単位:千円)

	当連結会計年度 平成27年3月31日
資産の部	
流動資産	
現金及び預金	450,000
受取手形・完成工事未収入金等	1,705,000
未成工事支出金	1,450,000
その他	134,000
貸倒引当金	△25,000
流動資産合計	3,714,000
固定資産	
有形固定資産	
建物(純額)	212,000
機械及び装置(純額)	330,000
土地	190,000
有形固定資産合計	732,000
無形固定資産	115,000
投資その他の資産	
差入保証金	42,000
その他	10,000
投資その他の資産合計	52,000
固定資産合計	899,000
資産合計	4,613,000
負債の部	
流動負債	
支払手形・工事未払金等	710,000
短期借入金	2,350,000
1年内返済予定の長期借入金	389,000
未成工事受入金	392,000
流動負債合計	3,841,000
固定負債	
長期借入金	120,000
固定負債合計	120,000
負債合計	3,961,000
純資産の部	
株主資本	
資本金	650,000
資本剰余金	84,000
利益剰余金	△104,000
株主資本合計	630,000
少数株主持分	22,000
純資産合計	652,000
負債純資産合計	4,613,000

【連結損益計算書】　　　　　　　　　　　　（単位：千円）

	当連結会計年度 平成26年4月1日～ 平成27年3月31日
完成工事高	5,298,000
完成工事原価	4,010,000
完成工事総利益	1,288,000
販売費及び一般管理費	1,421,000
営業利益	△133,000
営業外費用	
支払利息	51,000
営業外費用合計	51,000
経常利益	△184,000
特別利益	
固定資産売却益	21,000
特別利益合計	21,000
税金等調整前当期純利益	△163,000
法人税、住民税及び事業税	24,000
法人税等調整額	51,000
法人税等合計	75,000
少数株主損益調整前当期純利益	△238,000
少数株主利益	4,000
当期純利益	△242,000

【連結キャッシュ・フロー計算書】　　　　　（単位：千円）

	当連結会計年度 平成26年4月1日～ 平成27年3月31日
営業活動によるキャッシュ・フロー	
税金等調整前当期純利益	△163,000
減価償却費	21,000
売上債権の増減額（△は増加）	△101,000
未成工事支出金の増減額 　（△は増加）	△70,000
仕入債務の増減額（△は減少）	11,000
その他	2,000
小計	△300,000
法人税等の支払額	△4,000
営業活動によるキャッシュ・フロー	△304,000
投資活動によるキャッシュ・フロー	
有形固定資産の取得による支出	△6,000
有形固定資産の売却による収入	48,000
投資活動によるキャッシュ・フロー	42,000
財務活動によるキャッシュ・フロー	
短期借入金の純増減額 　（△は減少）	320,000
長期借入れによる収入	120,000
財務活動によるキャッシュ・フロー	440,000
現金及び現金同等物の増減額 （△は減少）	178,000
現金及び現金同等物の期首残高	272,000
現金及び現金同等物の期末残高	450,000

【連結株主資本等変動計算書】
当連結会計年度(平成26年4月1日～平成27年3月31日)　　　　　　　　(単位:千円)

	株主資本			
	資本金	資本剰余金	利益剰余金	株主資本合計
当期首残高	650,000	84,000	138,000	872,000
当期変動額				
当期純利益			△242,000	△242,000
株主資本以外の項目の当期変動額(純額)				
当期変動額合計	−	−	△242,000	△242,000
当期末残高	650,000	84,000	△104,000	630,000

	少数株主持分	純資産合計
当期首残高	20,000	892,000
当期変動額		0
当期純利益		△242,000
株主資本以外の項目の当期変動額(純額)	2,000	2,000
当期変動額合計	2,000	△240,000
当期末残高	22,000	652,000

CHAPTER 2

主要登場項目のおさらい その1

建設業の決算書に見られる主な特徴①

さて、建設業の決算書について具体的に見ていきましょう。

①受取手形・完成工事未収入金

完成工事未収入金は、製造業の例で見た売掛金と同様で、商品の提供は終わったものの、まだもらっていない代金を指します。

建設業では、顧客は不動産会社や市区町村となることが多く、建物等を完成させてしばらくしてから、代金を回収することが多いです。また、代金も1件あたりが高額となります。

②未成工事支出金

未成工事支出金は、売上にカウントされる前の原価のことです。

建設業では戸建ての建売のように完成後に顧客を探すケースもありますが、多くの場合はオーダーメイドで完成したらすぐに売上となります。

そのため、未成工事支出金（製造業の仕掛品と同じ。建設を始めたけどもまだ完成していないもの）が決算書に登場します。

(1) 受取手形・完成工事未収入金

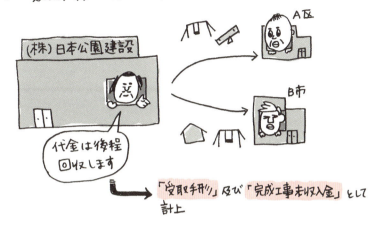

(2) 未成工事支出金

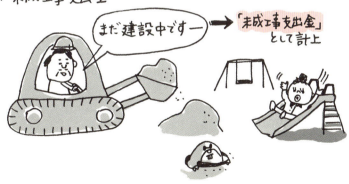

CHAPTER 3 主要登場項目のおさらい その2

建設業の決算書に見られる主な特徴②

ほかにも建設業独特の特徴があります。

③固定資産（建物、土地など）

建設業では多くの店舗や大規模設備を必要としません。そのため、小売や製造業よりは不動産の利用が少ない傾向にあります。

よって、固定資産はほかの業種に比べると自然と小さくなることが多いです。

④未成工事受入金

未成工事受入金は売上前にもらったお金を指します。

建設業は工期が長く代金も高額なため、最初に工事契約を結ぶときに中間金をもらうことが多く、それが「未成工事受入金」として決算書に登場します。

(3) 固定資産

建設業では固定資産はほかの業種に比べ小さいことが多いです

(4) 未成工事受入金

工期が長く

高額なことが多い

そのため中間金をもらうことが多いのです

「未成工事受入金」に計上

CHAPTER 4

日本公園建設の経営はどうか？ その1

ヤバい!? 日本公園建設の経営状況

さて、日本公園建設の決算書から、会社のどのような状況が読み取れるか見ていきましょう。

①連結貸借対照表：現金及び預金と借金の比較

　　現金及び預金：650,000千円
　　借金：3,979,000千円（短期借入金、1年内返済予定の長期
　　　　　　　　　　　　借入金、長期借入金の合計）

借金が現金及び預金の5倍以上あるので、かなり余裕がない会社だと言えるでしょう。

②連結損益計算書：3つの利益はプラスか

　　営業利益（△は損失）：△133,000千円
　　経常利益（△は損失）：△184,000千円
　　当期純利益（△は損失）：△242,000千円

損益計算書で見るべき3つの利益がすべてマイナスであり、間違いなく業績不振な状況です。

(1) 連結貸借対照表

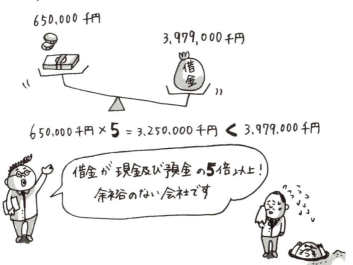

650,000千円 × 5 = 3,250,000千円 < 3,979,000千円

借金が現金及び預金の5倍以上！
余裕のない会社です

(2) 連結損益計算書

営業利益　△133,000千円
経常利益　△184,000千円
当期純利益　△242,000千円

すべてマイナスで業績不振ね

CHAPTER 5

日本公園建設の経営はどうか？
その2

補足資料で挽回できるか……

　少子化の影響か、日本公園建設はかなりの苦境に立たされているようですね。では、補足資料としての株主資本等変動計算書とキャッシュ・フロー計算書も見ていきましょう。

③連結株主資本等変動計算書：利益剰余金の推移

　　当期首残高　　138,000 千円
　　当期純利益　△242,000 千円
　　当期末残高　△104,000 千円

　期首時点では剰余金がありましたが、当期赤字決算により剰余金がマイナスになってしまっています。

④連結キャッシュ・フロー計算書：小計の数値

　　小計：△252,000 千円

　営業活動で現金及び現金同等物が減少しています。
　まとめると、業績が悪化しており、借金が多く、剰余金もないため、極めて悪い経営状況にあるということが読み取れます。

(3) 連結株主資本等変動計算書

	資本金	利益剰余金
当期首残高	…	138,000千円
当期純利益	…	△242,000千円
当期末残高	…	△104,000千円

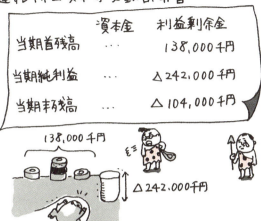

(4) 連結キャッシュ・フロー計算書

営業活動によるキャッシュ・フロー
…
小計　　△252,000千円

営業活動で現金及び現金同等物が減少してます…

業績悪化していて、借金多く剰余金もなし…経営状況悪いですね

Column 継続企業の前提に関する注記は要チェック！

　決算短信のうち、決算書セットのあとには、「注記事項」と呼ばれる情報が並びます。その中でも重要なのは、継続企業の前提に関する注記です。

　この注記は決算書の直後に記載されます。

　注記する会社は簡単に言えば、業績が悪く、もしかしたら倒産するかもしれない会社です。

　注記には、どういったことがあって倒産するかもしれないのか、倒産を回避するためにどういった対策を講じているのかが記載されます。

第8章

JALの決算書を「読んで」みよう

CHAPTER 1

平成16年3月期の決算書
～その1

すでに破綻の兆候は見えていた？

　本書のまとめとして、JAL（日本航空株式会社）の実際の決算書を取り上げます。日本航空の経営が破綻し、その後再生を果たしたことはみなさんもご存知のとおりですが、実際にどのような状況だったのかが、決算書を通じて見えてきます。

　まずは10年以上前となる平成16年3月期の決算書から見ていきましょう。決算書セットは143〜145、147〜148ページのとおりです。

①連結貸借対照表：現金及び預金と借金の比較

　　現金及び預金：143,775百万円
　　借金：1,314,417百万円

借金が現金及び預金の5倍以上あり、余裕はない会社です。

②連結損益計算書：3つの利益はプラスか

　　営業利益（△は損失）：△67,645百万円
　　経常利益（△は損失）：△71,938百万円
　　当期純利益（△は損失）：△88,619百万円

すべて大きなマイナスです。

連結貸借対照表

資産の部

科　　目		当期 (平成16年3月31日) 金　額	前期 (平成15年3月31日) 金　額	増減 (△印減)
		百万円	百万円	百万円
資産の部	Ⅰ　流動資産			
	現金及び預金	143,775	133,145	10,630
	受取手形及び営業未収入金	208,606	202,519	6,087
	有価証券	656	14,621	△ 13,964
	貯蔵品	75,784	78,424	△ 2,640
	繰延税金資産（流動）	8,690	16,597	△ 7,906
	その他	84,793	88,131	△ 3,337
	貸倒引当金	△ 3,231	△ 3,117	△ 113
	小　　計	519,076	530,322	△ 11,246
	Ⅱ　固定資産			
	（有形固定資産）	(1,322,281)	(1,382,615)	(△ 60,333)
	建物及び構築物	240,189	256,529	△ 16,340
	機械装置及び運搬具	37,773	41,273	△ 3,499
	航空機	872,256	915,938	△ 43,681
	土地	86,362	88,979	△ 2,616
	建設仮勘定	60,424	53,203	7,220
	その他	25,275	26,690	△ 1,415
	（無形固定資産）	(66,663)	(53,127)	(13,535)
	ソフトウエア	64,551	49,820	14,730
	連結調整勘定	61	306	△ 245
	その他	2,050	3,000	△ 950
	（投資その他の資産）	(205,274)	(206,219)	(△ 944)
	投資有価証券	76,806	77,043	△ 237
	長期貸付金	18,902	18,498	403
	繰延税金資産（固定）	49,645	41,503	8,141
	その他	63,155	73,701	△ 10,545
	貸倒引当金	△ 3,235	△ 4,528	1,293
	小　　計	1,594,219	1,641,962	△ 47,742
	Ⅲ　繰延資産			
	社債発行費	123	－	123
	小　　計	123	－	123
	合　　計	2,113,418	2,172,284	△ 58,865

負債・少数株主持分及び資本の部

科　目		当期 (平成16年3月31日) 金　額	前期 (平成15年3月31日) 金　額	増減 (△印減)
		百万円	百万円	百万円
負債の部	I　流動負債			
	営業未払金	206,043	204,557	1,485
	短期借入金	10,782	23,035	△ 12,253
	1年内償還社債	23,700	67,495	△ 43,795
	1年内返済長期借入金	118,545	127,537	△ 8,992
	未払法人税等	6,572	5,320	1,252
	繰延税金負債（流動）	60	73	△ 12
	その他	194,855	187,327	7,528
	小　計	560,559	615,346	△ 54,787
	II　固定負債			
	社債	225,000	218,700	6,300
	長期借入金	936,390	864,385	72,005
	退職給付引当金	163,128	143,670	19,457
	繰延税金負債（固定）	120	413	△ 293
	その他	44,806	51,988	△ 7,181
	小　計	1,369,446	1,279,158	90,287
	負債合計	1,930,005	1,894,505	35,500
少数株主持分		24,139	23,522	616
資本の部	I　資本金	100,000	100,000	－
	II　資本剰余金	136,678	147,175	△ 10,497
	III　利益剰余金	△ 65,031	23,481	△ 88,513
	IV　その他有価証券評価差額金	2,787	△ 780	3,567
	V　為替換算調整勘定	△ 9,958	△ 7,451	△ 2,506
	VI　自己株式	△ 5,202	△ 8,168	2,966
	資本合計	159,273	254,256	△ 94,983
	合　計	2,113,418	2,172,284	△ 58,865

借金：1,314,417

(注)
(1) 有形固定資産の減価償却累計額　　当期　1,632,427百万円　　前期　1,661,854百万円
(2) 偶発債務
　　保証債務　　　　　　　　　　　　当期　17,208百万円　　　前期　15,207百万円
　　保証予約及び経営指導念書等　　　当期　1,994百万円　　　　前期　2,133百万円
　　社債の債務履行引受契約に係る偶発債務
　　　　　　　　　　　　　　　　　　当期　－百万円　　　　　 前期　30,000百万円
(3) 自己株式の数　　　　　　　　　　当期　18,448,160株　　　前期　19,863,126株

連結損益計算書

科目	当期 (自 平成15年4月1日) (至 平成16年3月31日) 金額	前期 (自 平成14年4月1日) (至 平成15年3月31日) 金額	増減 (△印減)
	百万円	百万円	百万円
経常損益の部			
I 営業損益の部			
営業収益	1,931,742	2,083,480	△ 151,738
（事業収益）	(1,931,742)	(2,083,480)	(△ 151,738)
営業費用	1,999,387	2,072,891	△ 73,503
（事業費）	(1,605,917)	(1,661,421)	(△ 55,504)
（販売費及び一般管理費）	(393,470)	(411,469)	(△ 17,999)
営業利益又は損失(△)	△ 67,645	10,589	△ 78,235
II 営業外損益の部			
営業外収益	43,024	59,249	△ 16,224
（受取利息及び配当金）	(2,928)	(2,932)	(△ 3)
（持分法による投資利益）	(1,221)	(340)	(880)
（為替差益）	(424)	(-)	(424)
（その他）	(38,450)	(55,976)	(△ 17,525)
営業外費用	47,317	53,998	△ 6,680
（支払利息）	(28,503)	(34,657)	(△ 6,153)
（為替差損）	(-)	(1,975)	(△ 1,975)
（その他）	(18,813)	(17,365)	(1,448)
経常利益又は損失(△)	△ 71,938	15,840	△ 87,778
特別損益の部			
I 特別利益	6,923	11,999	△ 5,075
（固定資産売却益）	(1,330)	(4,446)	(△ 3,116)
（離島路線航空機購入補助金）	(1,618)	(-)	(1,618)
（厚生年金基金代行部分返上益）	(755)	(-)	(755)
（投資有価証券売却益）	(1,235)	(4,623)	(△ 3,388)
（その他）	(1,985)	(2,928)	(△ 943)
II 特別損失	17,134	23,758	△ 6,623
（固定資産処分損）	(5,153)	(9,852)	(△ 4,698)
（統合関連費用）	(-)	(7,304)	(△ 7,304)
（関連事業損失）	(6,518)	(-)	(6,518)
（その他）	(5,462)	(6,600)	(△ 1,138)
税金等調整前当期純利益又は純損失(△)	△ 82,148	4,081	△ 86,230
法人税、住民税及び事業税	8,854	8,100	753
法人税等調整額	△ 3,092	△ 16,468	13,375
少数株主利益	709	804	△ 95
当期純利益又は純損失(△)	△ 88,619	11,645	△ 100,264

CHAPTER 2

平成 16 年 3 月期の決算書 ～その 2

現金は増えているけれど……

③連結株主資本等変動計算書：利益剰余金の推移

当期首残高	23,481 百万円
当期純利益	△88,619 百万円
その他での増減	106 百万円
当期末残高	△65,031 百万円

期首時点では剰余金がありましたが、当期赤字決算により剰余金がマイナスになってしまいました。

④連結キャッシュ・フロー計算書：小計の数値

小計：111,023 百万円

税金等調整前当期純損失のマイナスは、減価償却費のプラスで補われていて、小計はプラスとなっています。

まとめると営業活動により現金は増えていますが、業績が思わしくなく、借金が多く、剰余金もないためすでに苦境に陥っていると言えます。

連 結 剰 余 金 計 算 書

科　　目	当期 (自 平成15年4月 1日) (至 平成16年3月31日) 金　　額 百万円	前期 (自 平成14年4月 1日) (至 平成15年3月31日) 金　　額 百万円
(資本剰余金の部)		
Ⅰ 資本剰余金期首残高	147,175	158,529
Ⅱ 資本剰余金減少高	10,497	11,353
(配当金)	(7,844)	(－)
(株式移転前完全子会社資本準備金取崩しによる減少高)	(－)	(11,301)
(自己株式処分差損)	(2,652)	(51)
Ⅲ 資本剰余金期末残高	136,678	147,175
(利益剰余金の部)		
Ⅰ 利益剰余金期首残高	23,481	570
Ⅱ 利益剰余金増加高	144	22,946
(当期純利益)	(－)	(11,645)
(連結範囲の変更等による増加高)	(144)	(－)
(株式移転前完全子会社資本準備金取崩しによる増加高)	(－)	(11,301)
Ⅲ 利益剰余金減少高	88,658	35
(当期純損失)	(88,619)	(－)
(役員賞与)	(38)	(35)
Ⅳ 利益剰余金期末残高	△ 65,031	23,481

その他での増減：106

※平成16年3月期時点では、連結株主資本等変動計算書の代わりに、連結剰余金計算書が掲載されていますが、同様に利益剰余金の推移を見ることができます。

第8章　JALの決算書を「読んで」みよう

連結キャッシュ・フロー計算書

科　　　目	当期 (自 平成15年4月 1日) (至 平成16年3月31日) 金　　額	前期 (自 平成14年4月 1日) (至 平成15年3月31日) 金　　額
	百万円	百万円
I. 営業活動によるキャッシュ・フロー		
1. 税金等調整前当期純利益又は純損失（△）	△ 82,148	4,081
2. 減価償却費	119,388	118,187
3. 有価証券及び投資有価証券売却損益及び評価損	△ 569	△ 2,551
4. 固定資産除売却損益	17,846	17,603
5. 退職給付引当金増減額	19,459	17,223
6. 受取利息及び受取配当金	△ 2,928	△ 2,932
7. 支払利息	28,503	34,657
8. 為替差損益	547	141
9. 持分法による投資損益	△ 1,221	△ 340
10. 受取手形及び営業未収入金の増減額	△ 7,215	31,761
11. 貯蔵品の増減額	2,387	△ 2,812
12. 営業未払金の増減額	2,608	7,778
13. その他	14,366	△ 29,111
小　　　計	111,023	193,686
14. 利息及び配当金の受取額	3,386	3,427
15. 利息の支払額	△ 29,003	△ 34,709
16. 法人税等の支払額	△ 9,060	△ 6,991
営業活動によるキャッシュ・フロー	76,345	155,413
II. 投資活動によるキャッシュ・フロー		
1. 定期預金の預入による支出	△ 1,092	△ 101
2. 定期預金の払戻による収入	996	1,877
3. 固定資産の取得による支出	△ 151,585	△ 195,575
4. 固定資産の売却による収入	57,285	62,043
5. 投資有価証券の取得による支出	△ 974	△ 11,540
6. 投資有価証券の売却及び償還による収入	3,615	12,400
7. 連結範囲変更を伴う子会社株式の売却による収入	103	683
8. 貸付金の貸付による支出	△ 2,853	△ 4,937
9. 貸付金の回収による収入	8,875	42,887
10. その他	247	7,074
投資活動によるキャッシュ・フロー	△ 85,382	△ 85,187
III. 財務活動によるキャッシュ・フロー		
1. 短期借入金増減額	△ 9,976	△ 36,196
2. 長期借入による収入	200,882	214,804
3. 長期借入金の返済による支出	△ 134,638	△ 199,550
4. 社債の発行による収入	29,815	
5. 社債の償還による支出	△ 67,495	△ 83,864
6. 親会社による配当金支払額	△ 7,813	
7. 完全子会社株主への配当金支払額	—	△ 50
8. 少数株主への配当金支払額	△ 334	△ 266
9. その他	△ 2,825	△ 2,979
財務活動によるキャッシュ・フロー	7,615	△ 108,103
IV. 現金及び現金同等物にかかわる換算差額	△ 1,568	△ 670
V. 現金及び現金同等物の増減額	△ 2,991	△ 38,548
VI. 現金及び現金同等物期首残高	146,318	185,399
VII. 新規連結に伴う現金及び現金同等物の増加額	—	176
VIII. 連結除外に伴う現金及び現金同等物の減少額	—	△ 708
IX. 現金及び現金同等物期末残高	143,327	146,318

連結貸借対照表上の勘定残高と連結キャッシュ・フロー計算書上の現金及び現金同等物残高との調整

	当期	前期
現金及び預金勘定	143,775	133,145
預入期間が3ヶ月を超える定期預金	△ 448	△ 392
有価証券のうち3ヶ月以内満期短期投資	0	13,840
短期借入金のうち当座借越	—	△ 274
現金及び現金同等物	143,327	146,318

CHAPTER 3

平成19年3月期の決算書
〜その1

> 苦しい状況からの挽回なるか!?

　次は平成19年3月期です。苦境を脱するため、この年に新株を発行し、148,500百万円の資金を調達しました。そんななかでのJALの決算書セットは151〜153ページ及び155〜157ページのとおりです。

①連結貸借対照表:現金及び預金と借金の比較

　　現金及び預金:198,933百万円
　　借金:1,021,545百万円

　資金調達はしたものの、借金が現金及び預金の5倍以上あり、依然として余裕はない会社です。

②連結損益計算書:3つの利益はプラスか

　　営業利益(△は損失):22,917百万円
　　経常利益(△は損失):20,576百万円
　　当期純利益(△は損失):△16,267百万円

　営業利益は出ていますが、最終利益ではマイナスになっています。本業では利益が出ていることから、少し挽回していることがわかります。

連結貸借対照表

資産の部

科　目	前期 (平成18年3月31日) 金額	当期 (平成19年3月31日) 金額	増減 (△印減) 金額
	百万円	百万円	百万円
I　流動資産			
現金及び預金	173,948	198,933	24,985
受取手形及び営業未収入金	237,479	262,564	25,085
有価証券	5,936	13,234	7,298
貯蔵品	83,717	82,881	△ 835
繰延税金資産	9,539	2,549	△ 6,990
その他	179,695	150,156	△ 29,539
貸倒引当金	△ 2,996	△ 3,008	△ 12
小　計	687,319	707,311	19,991
II　固定資産			
(有形固定資産)	(1,152,762)	(1,116,391)	(△ 36,370)
建物及び構築物	203,039	174,019	△ 29,020
機械装置及び運搬具	31,743	31,532	△ 210
航空機	791,098	742,545	△ 48,553
土地	55,979	42,773	△ 13,206
建設仮勘定	49,551	105,418	55,866
その他	21,348	20,101	△ 1,246
(無形固定資産)	(72,075)	(77,007)	(4,932)
ソフトウエア	70,373	75,440	5,066
その他	1,701	1,566	△ 134
(投資その他の資産)	(249,076)	(189,853)	(△ 59,222)
投資有価証券	88,750	66,561	△ 22,189
長期貸付金	14,582	13,580	△ 1,001
繰延税金資産	52,085	7,751	△ 44,334
その他	96,043	104,344	8,301
貸倒引当金	△ 2,385	△ 2,382	2
小　計	1,473,913	1,383,253	△ 90,660
III　繰延資産			
株式交付費	－	669	669
社債発行費	6	－	△ 6
小　計	6	669	662
資産合計	2,161,240	2,091,233	△ 70,006

負債、少数株主持分及び資本の部又は負債及び純資産の部

科　目	前　期 (平成18年3月31日) 金　額 百万円	当　期 (平成19年3月31日) 金　額 百万円	増　減 (△印減) 金　額 百万円
負　債　の　部			
Ⅰ　流　動　負　債			
営業未払金	237,803	263,885	26,082
短期借入金	6,562	4,810	△　1,751
1年内償還社債	30,000	70,000	40,000
1年内返済長期借入金	113,045	110,549	△　2,495
未払法人税等	4,700	5,172	471
繰延税金負債	29	16,585	16,555
その他	252,702	188,792	△　63,909
小　　計	644,844	659,796	14,952
Ⅱ　固　定　負　債			
社債	280,000	130,229	△　149,771
長期借入金	800,001	705,957	△　94,044
退職給付引当金	139,753	129,061	△　10,691
繰延税金負債	1,340	9,012	7,671
その他	119,784	125,303	5,519
小　　計	1,340,879	1,099,563	△　241,316
負　債　合　計	1,985,724	1,759,360	△　226,363
少　数　株　主　持　分	27,449	－	－
資　本　の　部			
Ⅰ　資本金	100,000	－	－
Ⅱ　資本剰余金	136,145	－	－
Ⅲ　利益剰余金	△　90,186	－	－
Ⅳ　その他有価証券評価差額金	8,777	－	－
Ⅴ　為替換算調整勘定	△　5,776	－	－
Ⅵ　自己株式	△　892	－	－
資　本　合　計	148,066	－	－
負債、少数株主持分及び資本合計	2,161,240	－	－

（借金：1,021,545）

負債、少数株主持分及び資本の部又は負債及び純資産の部

科　目	前　期 (平成18年3月31日) 金　額 百万円	当　期 (平成19年3月31日) 金　額 百万円	増　減 (△印減) 金　額 百万円
純　資　産　の　部			
Ⅰ　株　主　資　本			
資本金	－	174,250	－
資本剰余金	－	79,096	－
利益剰余金	－	24,776	－
自己株式	－	△　887	－
小　　計	－	277,235	－
Ⅱ　評価・換算差額等			
その他有価証券評価差額金	－	3,557	－
繰延ヘッジ損益	－	35,314	－
為替換算調整勘定	－	△　5,020	－
小　　計	－	33,851	－
Ⅲ　少　数　株　主　持　分	－	20,785	－
純　資　産　合　計	－	331,873	－
負債及び純資産合計	－	2,091,233	－

連結損益計算書

科　目	前　期 (自 平成17年4月1日) (至 平成18年3月31日) 金　額	当　期 (自 平成18年4月1日) (至 平成19年3月31日) 金　額	増　減 (△印減) 金　額
	百万円	百万円	百万円
Ⅰ　営　業　収　益	2,199,385	2,301,915	102,529
Ⅱ　事　業　費	1,839,190	1,885,211	46,020
営　業　総　利　益	360,195	416,703	56,508
Ⅲ　販売費及び一般管理費	387,029	393,785	6,756
営　業　利　益　又　は　損　失（△）	△　26,834	22,917	49,752
Ⅳ　営　業　外　収　益	26,378	33,834	7,456
受取利息	2,263	3,471	1,207
受取配当金	1,450	2,470	1,019
持分法による投資利益	1,899	2,481	581
為替差益	12,170	18,036	5,865
その他	8,593	7,374	△　1,218
Ⅴ　営　業　外　費　用	41,152	36,175	△　4,976
支払利息	21,811	19,068	△　2,742
航空機材処分損	12,171	12,257	86
その他	7,169	4,849	△　2,320
経　常　利　益　又　は　損　失（△）	△　41,608	20,576	62,184
Ⅵ　特　別　利　益	30,471	52,413	21,941
固定資産売却益	19,093	8,822	△　10,270
投資有価証券売却益	－	34,338	34,338
退職給付制度一部終了益	6,810	－	△　6,810
その他	4,567	9,251	4,684
Ⅶ　特　別　損　失	35,303	20,933	△　14,369
固定資産処分損	6,052	3,546	△　2,505
特別退職金	4,033	8,517	4,483
退職給付制度一部終了損	－	2,291	2,291
減損損失	18,705	2,600	△　16,105
その他	6,511	3,976	△　2,534
税金等調整前当期純利益 又は純損失（△）	△　46,440	52,055	98,495
法人税、住民税及び事業税	8,419	9,953	1,534
法人税等調整額	△　9,966	54,424	64,391
少数株主利益	2,350	3,945	1,594
当期純損失（△）	△　47,243	△　16,267	30,975

CHAPTER 4

平成19年3月期の決算書
～その2

多少ではあるものの上向きになってきている

③連結株主資本等変動計算書：利益剰余金の推移

当期首残高	△90,186百万円
当期純利益	△16,267百万円
欠損填補	131,274百万円
その他での増減	△43百万円
当期末残高	24,776百万円

　欠損填補とは、過年度の利益剰余金のマイナスを資本剰余金などで補填することを指します。

　見た目上は剰余金がプラスになりましたが、事業で利益が出たという訳ではありません。

④連結キャッシュ・フロー計算書：小計の数値

　　小計：147,005百万円

　小計は大きくプラスとなっていて問題ありません。

　まとめると営業利益が出ているなど改善の兆しも見えますが、借金が多くまだまだ大変な状況といえます。

連結剰余金計算書及び連結株主資本等変動計算書

連結剰余金計算書

科　目	前　期 (自 平成17年4月1日) (至 平成18年3月31日) 金　額
	百万円
(資本剰余金の部)	
I　資本剰余金期首残高	136,141
II　資本剰余金増加高	3
自己株式処分差益	3
III　資本剰余金期末残高	136,145
(利益剰余金の部)	
I　利益剰余金期首残高	△ 34,978
II　利益剰余金減少高	55,207
当期純損失	47,243
配当金	7,919
役員賞与	44
III　利益剰余金期末残高	△ 90,186

連結株主資本等変動計算書

当期（自 平成18年4月1日 至 平成19年3月31日）

科　目	株主資本				
	資本金	資本剰余金	利益剰余金	自己株式	株主資本合計
平成18年3月31日 残高（百万円）	100,000	136,145	△ 90,186	△ 892	145,065
当期中の変動額					
新株の発行	74,250	74,250			148,500
欠損填補に伴う資本剰余金の利益剰余金への振替		△ 131,274	131,274		-
役員賞与			△ 26		△ 26
当期純損失			△ 16,267		△ 16,267
自己株式の取得				△ 131	△ 131
自己株式の処分		△ 24		129	105
連結範囲の変動等			△ 17	8	△ 9
株主資本以外の項目の当期中の変更額（純額）					
当期中の変動額合計（百万円）	74,250	△ 57,048	114,962	5	132,169
平成19年3月31日 残高（百万円）	174,250	79,096	24,776	△ 887	277,235

その他での増減：△ 43

科　目	評価・換算差額等				少数株主持分	純資産合計
	その他有価証券評価差額金	繰延ヘッジ損益	為替換算調整勘定	評価・換算差額等合計		
平成18年3月31日 残高（百万円）	8,777	-	△ 5,776	3,000	27,449	175,515
当期中の変動額						
新株の発行						148,500
欠損填補に伴う資本剰余金の利益剰余金への振替						-
役員賞与						△ 26
当期純損失						△ 16,267
自己株式の取得						△ 131
自己株式の処分						105
連結範囲の変動等						△ 9
株主資本以外の項目の当期中の変更額（純額）	△ 5,219	35,314	756	30,851	△ 6,664	24,187
当期中の変動額合計（百万円）	△ 5,219	35,314	756	30,851	△ 6,664	156,357
平成19年3月31日 残高（百万円）	3,557	35,314	△ 5,020	33,851	20,785	331,873

連結キャッシュ・フロー計算書

科　　目	前期 (自 平成17年4月 1日) (至 平成18年3月31日) 金　額 百万円	当期 (自 平成18年4月 1日) (至 平成19年3月31日) 金　額 百万円
I．営業活動によるキャッシュ・フロー		
1．税金等調整前当期純利益又は純損失（△）	△ 46,440	52,055
2．減価償却費	125,126	117,561
3．有価証券及び投資有価証券売却損益及び評価損	1,295	△ 34,028
4．固定資産除却損益及び減損損失	17,138	8,459
5．退職給付引当金増減額	△ 9,919	△ 10,308
6．受取利息及び受取配当金	△ 3,713	△ 5,941
7．支払利息	21,811	19,068
8．為替差損益	106	166
9．持分法による投資損益	△ 1,899	△ 2,481
10．受取手形及び営業未収入金の増減額	△ 13,120	△ 32,437
11．貯蔵品の増減額	△ 7,365	813
12．営業未払金の増減額	22,812	33,592
13．その他	23,272	486
小　　　　計	129,103	**147,005**
14．利息及び配当金の受取額	4,151	6,982
15．利息の支払額	△ 22,507	△ 19,154
16．法人税等の支払額	△ 9,762	△ 7,085
営業活動によるキャッシュ・フロー	100,984	127,748
II．投資活動によるキャッシュ・フロー		
1．定期預金の預入による支出	△ 969	△ 8,751
2．定期預金の払戻による収入	917	1,121
3．固定資産の取得による支出	△ 146,972	△ 153,251
4．固定資産の売却による収入	48,403	54,697
5．有価証券の取得による支出	-	△ 11,759
6．有価証券の売却及び償還による収入	-	6,039
7．投資有価証券の取得による支出	△ 7,584	△ 5,126
8．投資有価証券の売却による収入	1,576	43,146
9．連結範囲変更を伴う子会社株式の売却による収入	-	9,552
10．貸付金の貸付による支出	△ 1,458	△ 2,051
11．貸付金の回収による収入	4,849	4,799
12．事業譲渡による収入	-	4,944
13．その他	1,955	423
投資活動によるキャッシュ・フロー	△ 99,283	△ 56,216
III．財務活動によるキャッシュ・フロー		
1．短期借入金増減額	△ 5,355	2,556
2．長期借入による収入	57,285	22,122
3．長期借入金の返済による支出	△ 117,563	△ 112,815
4．株式の発行による収入	-	147,607
5．社債の償還による支出	△ 15,000	△ 109,771
6．親会社による配当金支払額	△ 7,846	△ 18
7．少数株主への配当金支払額	△ 433	△ 584
8．その他	△ 2,473	△ 2,106
財務活動によるキャッシュ・フロー	△ 91,384	△ 53,007
IV．現金及び現金同等物に係る換算差額	1,061	414
V．現金及び現金同等物の増減額	△ 88,622	18,937
VI．現金及び現金同等物期首残高	260,933	172,132
VII．新規連結に伴う現金及び現金同等物の増加額	-	310
VIII．連結除外に伴う現金及び現金同等物の減少額	△ 178	-
IX．現金及び現金同等物期末残高	172,132	191,381

連結貸借対照表上の勘定残高と連結キャッシュ・フロー計算書上の現金及び現金同等物期末残高との調整

	前期	当期
現金及び預金勘定	173,948	198,933
預入期間が3ヶ月を超える定期預金	△ 1,726	△ 9,329
有価証券のうち3ヶ月以内満期短期投資	0	1,777
短期借入金のうち当座借越	△ 90	-
現金及び現金同等物	172,132	191,381

CHAPTER 5

平成21年3月期の決算書 〜その1

リーマン・ショックで利益に大ダメージ！

　次は平成21年3月期です。この年の下期には、リーマン・ショックと呼ばれる世界同時不況が始まりました。企業は出張を控えるようになり、航空需要は大幅に減少します。そんな景況のなかの日本航空の決算書は159〜161ページ及び163〜165ページのとおりです。

①連結貸借対照表：現金及び預金と借金の比較

　　現金及び預金：163,696百万円
　　借金：801,529百万円

　借金が現金及び預金のほぼ5倍あります。少し前よりはよくなっているといえますが、依然として余裕はない会社です。

②連結損益計算書：3つの利益はプラスか

　　営業利益（△は損失）：△50,884百万円
　　経常利益（△は損失）：△82,177百万円
　　当期純利益（△は損失）：△63,194百万円

　またもやどれも大幅なマイナスとなってしまいました。

4．連結財務諸表

(1) 連結貸借対照表

資産の部

	前期 (平成20年3月31日)	当期 (平成21年3月31日)	増　減 (△印減)
	金　額	金　額	金　額
	百万円	百万円	百万円
Ⅰ　流　動　資　産			
現金及び預金	354,977	163,696	△ 191,281
受取手形及び営業未収入金	241,349	170,912	△ 70,436
有価証券	8,795	9,391	596
貯蔵品	90,985	81,857	△ 9,127
繰延税金資産	2,595	2,909	313
その他	115,187	60,952	△ 54,235
貸倒引当金	△ 3,575	△ 2,690	885
小　　　計	810,315	487,029	△ 323,285
Ⅱ　固　定　資　産			
(有形固定資産)	(1,037,117)	(1,031,021)	(△ 6,095)
建物及び構築物	116,698	110,012	△ 6,685
機械装置及び運搬具	30,772	30,342	△ 429
航空機	721,967	723,590	1,622
土地	35,609	35,013	△ 596
建設仮勘定	113,247	116,510	3,262
その他	18,821	15,551	△ 3,269
(無形固定資産)	(82,838)	(79,548)	(△ 3,289)
ソフトウエア	81,876	78,630	△ 3,245
その他	961	917	△ 43
(投資その他の資産)	(190,579)	(152,010)	(△ 38,568)
投資有価証券	62,174	58,611	△ 3,562
長期貸付金	12,720	12,846	126
繰延税金資産	5,593	6,030	436
その他	112,728	77,017	△ 35,711
貸倒引当金	△ 2,638	△ 2,494	143
小　　　計	1,310,534	1,262,580	△ 47,953
Ⅲ　繰　延　資　産			
株式交付費	1,933	1,068	△ 865
小　　　計	1,933	1,068	△ 865
資　産　合　計	2,122,784	1,750,679	△ 372,104

負債及び純資産の部

科　目	前期 (平成20年3月31日) 金額	当期 (平成21年3月31日) 金額	増　減 (△印減) 金額
	百万円	百万円	百万円
負　債　の　部			
I　流　動　負　債			
営業未払金	264,914	190,045	△　74,868
短期借入金	3,084	2,911	△　　172
1年内償還社債	28,000	52,000	24,000
1年内返済長期借入金	130,335	128,426	△　1,908
未払法人税等	4,454	1,521	△　2,932
繰延税金負債	15,016	33	△　14,983
賞与引当金	4,526	―	△　4,526
独禁法関連引当金	2,003	1,964	△　　39
デリバティブ債務	―	126,259	126,259
その他	208,894	146,734	△　62,159
小　　計	661,229	649,897	△　11,331
II　固　定　負　債			
社債	102,229	50,229	△　52,000
長期借入金	651,416	567,963	△　83,453
繰延税金負債	17,192	6,534	△　10,657
退職給付引当金	95,485	94,911	△　　573
独禁法関連引当金	15,210	5,083	△　10,127
その他	108,950	179,288	70,337
小　　計	990,483	904,010	△　86,473
負　債　合　計	1,651,713	1,553,907	△　97,805
純　資　産　の　部			
I　株　主　資　本			
資本金	251,000	251,000	―
資本剰余金	155,836	155,806	△　　30
利益剰余金	41,320	△　21,874	△　63,194
自己株式	△　　890	△　　917	△　　26
小　　計	447,266	384,014	△　63,252
II　評価・換算差額等			
その他有価証券評価差額金	2,578	△　1,440	△　4,018
繰延ヘッジ損益	8,167	△　201,816	△　209,983
為替換算調整勘定	△　4,077	△　6,101	△　2,024
小　　計	6,668	△　209,358	△　216,026
III　少　数　株　主　持　分	17,136	22,115	4,979
純　資　産　合　計	471,070	196,771	△　274,299
負債及び純資産合計	2,122,784	1,750,679	△　372,104

借金：801,529

(2) 連結損益計算書

科　　目	前　期 (自 平成19年4月1日) (至 平成20年3月31日) 金　額	当　期 (自 平成20年4月1日) (至 平成21年3月31日) 金　額	増　減 (△印減) 金　額
	百万円	百万円	百万円
Ⅰ 営 業 収 益	2,230,416	1,951,158	△ 279,257
Ⅱ 事 業 費	1,776,979	1,687,881	△ 89,098
営 業 総 利 益	453,436	263,277	△ 190,159
Ⅲ 販売費及び一般管理費	363,423	314,162	△ 49,261
営業利益または損失（△）	90,013	△ 50,884	△ 140,898
Ⅳ 営 業 外 収 益	20,825	31,341	10,515
受取利息	4,859	3,878	△ 981
受取配当金	2,365	1,425	△ 940
持分法による投資利益	2,176	1,630	△ 545
デリバティブ利益	-	17,462	17,462
為替差益	4,070	-	△ 4,070
その他	7,354	6,944	△ 409
Ⅴ 営 業 外 費 用	41,021	62,634	21,613
支払利息	20,009	17,536	△ 2,473
航空機材処分損	11,871	7,633	△ 4,237
デリバティブ損失	-	8,874	8,874
為替差損	-	19,571	19,571
その他	9,140	9,018	△ 121
経常利益または損失（△）	69,817	△ 82,177	△ 151,995
Ⅵ 特 別 利 益	36,232	44,604	8,371
カード使用権等許諾益	-	23,426	23,426
投資有価証券売却益	20,557	18,088	△ 2,468
固定資産売却益	5,988	-	△ 5,988
厚生年金基金代行返上益	5,528	-	△ 5,528
その他	4,158	3,088	△ 1,069
Ⅶ 特 別 損 失	76,217	21,440	△ 54,777
厚生年金基金代行返上損	-	8,798	8,798
固定資産処分損	-	2,577	2,577
臨時償却費	9,116	2,504	△ 6,612
減損損失	13,501	2,273	△ 11,227
特別退職金	20,016	-	△ 20,016
独禁法関連引当金繰入額	17,213	-	△ 17,213
その他	16,368	5,286	△ 11,081
税金等調整前当期純利益 　または純損失（△）	29,832	△ 59,014	△ 88,846
法人税、住民税及び事業税	4,897	3,181	△ 1,716
法人税等調整額	6,894	22	△ 6,872
少数株主利益	1,118	977	△ 141
当期純利益または純損失（△）	16,921	△ 63,194	△ 80,116

CHAPTER 6

平成21年3月期の決算書
～その2

経営状況が再び悪化してしまった……

③連結株主資本等変動計算書：利益剰余金の推移

　当期首残高　　41,320百万円
　当期純利益　△63,194百万円
　当期末残高　△21,874百万円

　少しずつ挽回してきてプラスとなっていた利益剰余金が、またもや大幅赤字によって、マイナスとなってしまいました。

④連結キャッシュ・フロー計算書：小計の数値

　小計：26,390百万円

　小計はプラスとなっていますが、借金に比して少ないため返済が大変な状況となっています。
　まとめると、少し持ち直してきた経営状況が再度悪化してしまっています。
　日本航空は、この決算のあと平成22年1月に、会社更生法を申請し倒産することになります。

(3) 連結株主資本等変動計算書

	自 平成19年4月1日 至 平成20年3月31日	自 平成20年4月1日 至 平成21年3月31日
	(単位:百万円)	(単位:百万円)
株主資本		
資本金		
前期末残高	174,250	251,000
当期変動額		
新株の発行	76,750	-
当期変動額合計	76,750	-
当期末残高	251,000	251,000
資本剰余金		
前期末残高	79,096	155,836
当期変動額		
新株の発行	76,750	-
自己株式の処分	△ 9	△ 30
当期変動額合計	76,740	△ 30
当期末残高	155,836	155,806
利益剰余金		
前期末残高	24,776	41,320
当期変動額		
当期純利益または純損失(△)	16,921	△ 63,194
連結範囲の変動	△ 377	-
当期変動額合計	16,544	△ 63,194
当期末残高	41,320	△ 21,874
自己株式		
前期末残高	△ 887	△ 890
当期変動額		
連結範囲の変動	13	-
持分法適用会社の持分比率の変動に伴う 　自己株式の増減	44	-
自己株式の取得	△ 139	△ 168
自己株式の処分	77	141
当期変動額合計	△ 3	△ 26
当期末残高	△ 890	△ 917
株主資本合計		
前期末残高	277,235	447,266
当期変動額		
新株の発行	153,500	-
当期純利益または純損失(△)	16,921	△ 63,194
連結範囲の変動	△ 363	-
持分法適用会社の持分比率の変動に伴う 　自己株式の増減	44	-
自己株式の取得	△ 139	△ 168
自己株式の処分	67	110
当期変動額合計	170,030	△ 63,252
当期末残高	447,266	384,014

(3) 連結株主資本等変動計算書

	自 平成19年4月1日 至 平成20年3月31日	自 平成20年4月1日 至 平成21年3月31日
	(単位:百万円)	(単位:百万円)
評価・換算差額等		
その他有価証券評価差額金		
前期末残高	3,557	2,578
当期変動額		
株主資本以外の項目の当期変動額(純額)	△ 979	△ 4,018
当期変動額合計	△ 979	△ 4,018
当期末残高	2,578	△ 1,440
繰延ヘッジ損益		
前期末残高	35,314	8,167
当期変動額		
株主資本以外の項目の当期変動額(純額)	△ 27,147	△ 209,983
当期変動額合計	△ 27,147	△ 209,983
当期末残高	8,167	△ 201,816
為替換算調整勘定		
前期末残高	△ 5,020	△ 4,077
当期変動額		
株主資本以外の項目の当期変動額(純額)	943	△ 2,024
当期変動額合計	943	△ 2,024
当期末残高	△ 4,077	△ 6,101
評価・換算差額等合計		
前期末残高	33,851	6,668
当期変動額		
株主資本以外の項目の当期変動額(純額)	△ 27,183	△ 216,026
当期変動額合計	△ 27,183	△ 216,026
当期末残高	6,668	△ 209,358
少数株主持分		
前期末残高	20,785	17,136
当期変動額		
株主資本以外の項目の当期変動額(純額)	△ 3,649	4,979
当期変動額合計	△ 3,649	4,979
当期末残高	17,136	22,115
純資産合計		
前期末残高	331,873	471,070
当期変動額		
新株の発行	153,500	－
当期純利益または純損失(△)	16,921	△ 63,194
連結範囲の変動	△ 363	
持分法適用会社の持分比率の変動に伴う 　自己株式の増減	44	－
自己株式の取得	△ 139	△ 168
自己株式の処分	67	110
株主資本以外の項目の当期変動額(純額)	△ 30,832	△ 211,047
当期変動額合計	139,197	△ 274,299
当期末残高	471,070	196,771

(4) 連結キャッシュ・フロー計算書

(単位:百万円)

	前期 (自 平成19年4月1日 至 平成20年3月31日)	当期 (自 平成20年4月1日 至 平成21年3月31日)
営業活動によるキャッシュ・フロー		
税金等調整前当期純利益または純損失（△）	29,832	△ 59,014
減価償却費	116,580	118,043
有価証券及び投資有価証券売却損益及び評価損（△は益）	△ 18,596	―
有価証券及び投資有価証券売却損益（△は益）	―	△ 18,063
有価証券及び投資有価証券評価損益（△は益）	―	1,434
固定資産除売却損益及び減損損失（△は益）	21,824	10,448
退職給付引当金の増減額（△は減少）	△ 32,522	△ 524
受取利息及び受取配当金	△ 7,224	△ 5,303
支払利息	20,009	17,536
為替差損益（△は益）	2,857	853
持分法による投資損益（△は益）	△ 2,176	△ 1,630
カード使用権等許諾益	―	△ 23,426
受取手形及び営業未収入金の増減額（△は増加）	12,179	68,336
貯蔵品の増減額（△は増加）	△ 9,055	9,238
営業未払金の増減額（△は減少）	10,775	△ 73,344
その他	30,857	△ 18,203
小計	175,341	26,390
利息及び配当金の受取額	7,945	6,074
利息の支払額	△ 19,300	△ 18,175
カード使用権等許諾による収入	―	23,426
法人税等の支払額	△ 6,654	△ 5,961
営業活動によるキャッシュ・フロー	157,331	31,755
投資活動によるキャッシュ・フロー		
定期預金の預入による支出	△ 1,290	△ 119,126
定期預金の払戻による収入	8,044	118,222
固定資産の取得による支出	△ 174,831	△ 167,856
固定資産の売却による収入	115,789	45,789
有価証券の取得による支出	△ 9,012	△ 42,406
有価証券の売却及び償還による収入	10,576	41,439
投資有価証券の取得による支出	△ 1,604	△ 4,387
投資有価証券の売却及び償還による収入	16,051	22,462
連結の範囲の変更を伴う子会社株式の取得による収入	96	―
連結の範囲の変更を伴う子会社株式の売却による支出	△ 722	△ 135
連結の範囲の変更を伴う子会社株式の売却による収入	8,716	143
貸付けによる支出	△ 1,397	△ 2,045
貸付金の回収による収入	3,182	1,763
その他	203	480
投資活動によるキャッシュ・フロー	△ 26,229	△ 105,653
財務活動によるキャッシュ・フロー		
短期借入金の純増減額（△は減少）	△ 2,747	△ 367
長期借入れによる収入	82,786	46,652
長期借入金の返済による支出	△ 122,592	△ 132,015
株式の発行による収入	151,825	―
社債の償還による支出	△ 70,000	△ 28,000
配当金の支払額	△ 6	△ 2
少数株主への配当金の支払額	△ 284	△ 206
その他	△ 2,083	△ 2,829
財務活動によるキャッシュ・フロー	38,896	△ 116,767
現金及び現金同等物に係る換算差額	△ 3,644	△ 1,307
現金及び現金同等物の増減額（△は減少）	164,354	△ 191,973
現金及び現金同等物の期首残高	191,381	354,037
連結除外に伴う現金及び現金同等物の減少額	△ 1,698	△ 312
現金及び現金同等物の期末残高	354,037	161,751

第8章　JALの決算書を「読んで」みよう

CHAPTER 7

平成25年3月期の決算書
～その1

超優良企業となって生まれ変わったJAL

　倒産のあと、日本航空は抜本的な構造改革を断行し、平成24年9月に再上場を果たします。その直後である平成25年3月期の決算を見ます。決算書セットは167～169、171～173ページのとおりです。

<u>①連結貸借対照表：現金及び預金と借金の比較</u>

　　現金及び預金：347,986百万円
　　借金：45,112百万円

　これまでとは打って変わって、現金及び預金が借金よりも多い余裕のある会社となりました。

<u>②連結損益計算書：3つの利益はプラスか</u>

　　営業利益（△は損失）：195,242百万円
　　経常利益（△は損失）：185,863百万円
　　当期純利益（△は損失）：171,672百万円

　こちらも大きく変貌して、すべて大幅なプラスとなり、全く心配ない状況です。

4．連結財務諸表
(1) 連結貸借対照表

(単位：百万円)

	前連結会計年度 (平成24年3月31日)	当連結会計年度 (平成25年3月31日)
資産の部		
流動資産		
現金及び預金	272,475	347,986
受取手形及び営業未収入金	117,005	121,058
有価証券	30	7
貯蔵品	22,996	22,277
繰延税金資産	1,336	1,055
その他	55,174	59,727
貸倒引当金	△661	△764
流動資産合計	468,355	551,348
固定資産		
有形固定資産		
建物及び構築物（純額）	36,697	34,521
機械装置及び運搬具（純額）	7,065	5,984
航空機（純額）	369,502	385,267
土地	2,313	1,898
建設仮勘定	58,105	70,425
その他（純額）	5,147	6,340
有形固定資産合計	※1　478,831	※1　504,438
無形固定資産		
ソフトウエア	40,497	40,991
その他	2,462	3,227
無形固定資産合計	42,960	44,219
投資その他の資産		
投資有価証券	※2　39,722	※2　55,826
長期貸付金	14,364	13,018
繰延税金資産	3,972	4,354
その他	39,824	43,783
貸倒引当金	△404	△376
投資その他の資産合計	97,480	116,606
固定資産合計	619,271	665,263
資産合計	1,087,627	1,216,612

(単位:百万円)

	前連結会計年度 (平成24年3月31日)	当連結会計年度 (平成25年3月31日)
負債の部		
流動負債		
営業未払金	125,185	135,830
短期借入金	561	828
1年内返済予定の長期借入金	10,197	9,767
リース債務	35,997	35,801
繰延税金負債	262	2,751
事業再構築引当金	5,033	1,184
その他	121,237	126,990
流動負債合計	298,475	313,154
固定負債		
長期借入金	46,512	34,517
リース債務	113,310	77,592
繰延税金負債	7,122	7,669
退職給付引当金	154,800	154,483
事業再構築引当金	846	—
独禁法関連引当金	7,273	6,466
資産除去債務	3,166	4,271
その他	42,258	35,268
固定負債合計	375,290	320,269
負債合計	673,766	633,423
純資産の部		
株主資本		
資本金	181,352	181,352
資本剰余金	189,901	183,043
利益剰余金	19,665	198,196
自己株式	—	△122
株主資本合計	390,919	562,469
その他の包括利益累計額		
その他有価証券評価差額金	△661	2,353
繰延ヘッジ損益	5,343	6,603
為替換算調整勘定	△7,077	△6,378
その他の包括利益累計額合計	△2,395	2,578
少数株主持分	25,337	18,141
純資産合計	413,861	583,189
負債純資産合計	1,087,627	1,216,612

借金:45,112

(2) 連結損益及び包括利益計算書

(単位：百万円)

	前連結会計年度 (自 平成23年4月1日 至 平成24年3月31日)	当連結会計年度 (自 平成24年4月1日 至 平成25年3月31日)
営業収益	1,204,813	1,238,839
事業費	848,726	884,004
営業総利益	356,086	354,834
販売費及び一般管理費		
販売手数料	22,173	21,639
貸倒引当金繰入額	165	126
人件費	46,884	55,628
退職給付費用	4,402	4,538
その他	77,539	77,660
販売費及び一般管理費合計	151,164	159,592
営業利益	204,922	195,242
営業外収益		
受取利息	713	813
受取配当金	365	563
持分法による投資利益	1,073	—
航空機材売却益	3,257	3,221
その他	4,919	3,511
営業外収益合計	10,330	8,109
営業外費用		
支払利息	10,900	3,182
航空機材処分損	2,648	3,434
持分法による投資損失	—	2,188
為替差損	2,066	1,826
その他	1,948	6,855
営業外費用合計	17,564	17,488
経常利益	197,688	185,863
特別利益		
受取補償金	1,576	8,674
債務免除益	1,277	—
退職給付制度一部終了益	1,134	—
段階取得に係る差益	1,125	—
その他	5,006	1,965
特別利益合計	10,119	10,640
特別損失		
減損損失	※2 2,433	※2 1,764
退職給付会計に係る原則法変更時差異	547	1,516
借入金繰上返済費用	—	1,295
固定資産処分損	※1 974	※1 712
未確定更生債権確定損	—	628
閉鎖年金移行に伴う損失	1,282	—
その他	2,664	108
特別損失合計	7,903	6,026
税金等調整前当期純利益	199,904	190,477
法人税、住民税及び事業税	12,046	12,882
法人税等調整額	△3,716	1,047
法人税等合計	8,329	13,929
少数株主損益調整前当期純利益	191,574	176,547
少数株主利益	4,957	4,875
当期純利益	186,616	171,672
少数株主利益	4,957	4,875
少数株主損益調整前当期純利益	191,574	176,547
その他の包括利益		
その他有価証券評価差額金	87	3,019
繰延ヘッジ損益	2,986	1,358
為替換算調整勘定	577	931
持分法適用会社に対する持分相当額	25	1
その他の包括利益合計	3,676	5,310
包括利益	195,251	181,857
(内訳)		
親会社株主に係る包括利益	190,019	176,646
少数株主に係る包括利益	5,231	5,211

CHAPTER 8

平成 25 年 3 月期の決算書 ～その 2

非の打ち所のない決算書の数字

③連結株主資本等変動計算書：利益剰余金の推移

  当期首残高   19,665 百万円
  当期純利益   171,672 百万円
  その他での増減 6,858 百万円
  当期末残高   198,196 百万円

剰余金も順調に増加しました。

④連結キャッシュ・フロー計算書：小計の数値

  小計：284,523 百万円

小計も大幅なプラスとなっています。

 平成 21 年 3 月期までは、ほとんどの項目が思わしくなかったですが、再上場後はきわめて順調であることがわかります。
 その後、今日に至るまでも、JAL の経営は（少なくとも決算書からは）順調に推移しているようです。

(3) 連結株主資本等変動計算書

(単位:百万円)

	前連結会計年度 (自 平成23年4月1日 至 平成24年3月31日)	当連結会計年度 (自 平成24年4月1日 至 平成25年3月31日)
株主資本		
資本金		
当期首残高	181,352	181,352
当期変動額		
当期変動額合計	―	―
当期末残高	181,352	181,352
資本剰余金		
当期首残高	189,901	189,901
当期変動額		
欠損填補	―	△6,858
当期変動額合計	―	△6,858
当期末残高	189,901	183,043
利益剰余金		
当期首残高	△166,910	19,665
当期変動額		
合併による減少(△)	△40	―
当期純利益	186,616	171,672
欠損填補	―	6,858
当期変動額合計	186,576	178,530
当期末残高	19,665	198,196
自己株式		
当期首残高	―	―
当期変動額		
自己株式の取得	―	△122
当期変動額合計	―	△122
当期末残高	―	△122
株主資本合計		
当期首残高	204,343	390,919
当期変動額		
合併による減少(△)	△40	―
当期純利益	186,616	171,672
自己株式の取得	―	△122
当期変動額合計	186,576	171,550
当期末残高	390,919	562,469

(単位:百万円)

	前連結会計年度 (自 平成23年4月1日 至 平成24年3月31日)	当連結会計年度 (自 平成24年4月1日 至 平成25年3月31日)
その他の包括利益累計額		
その他有価証券評価差額金		
当期首残高	△767	△661
当期変動額		
株主資本以外の項目の当期変動額(純額)	105	3,014
当期変動額合計	105	3,014
当期末残高	△661	2,353
繰延ヘッジ損益		
当期首残高	2,388	5,343
当期変動額		
株主資本以外の項目の当期変動額(純額)	2,955	1,260
当期変動額合計	2,955	1,260
当期末残高	5,343	6,603
為替換算調整勘定		
当期首残高	△7,419	△7,077
当期変動額		
株主資本以外の項目の当期変動額(純額)	341	699
当期変動額合計	341	699
当期末残高	△7,077	△6,378
その他の包括利益累計額合計		
当期首残高	△5,798	△2,395
当期変動額		
株主資本以外の項目の当期変動額(純額)	3,402	4,974
当期変動額合計	3,402	4,974
当期末残高	△2,395	2,578
少数株主持分		
当期首残高	19,689	25,337
当期変動額		
株主資本以外の項目の当期変動額(純額)	5,647	△7,196
当期変動額合計	5,647	△7,196
当期末残高	25,337	18,141
純資産合計		
当期首残高	218,234	413,861
当期変動額		
合併による減少(△)	△40	―
当期純利益	186,616	171,672
自己株式の取得	―	△122
株主資本以外の項目の当期変動額(純額)	9,050	△2,222
当期変動額合計	195,626	169,328
当期末残高	413,861	583,189

(4) 連結キャッシュ・フロー計算書

(単位:百万円)

	前連結会計年度 (自 平成23年4月1日 至 平成24年3月31日)	当連結会計年度 (自 平成24年4月1日 至 平成25年3月31日)
営業活動によるキャッシュ・フロー		
税金等調整前当期純利益	199,904	190,477
減価償却費	81,222	81,004
固定資産除売却損益及び減損損失(△は益)	2,520	3,089
退職給付引当金の増減額(△は減少)	△675	△322
受取利息及び受取配当金	△1,079	△1,376
支払利息	10,900	3,182
為替差損益(△は益)	△1,323	2,299
持分法による投資損益(△は益)	△1,073	2,188
受取手形及び営業未収入金の増減額(△は増加)	△5,496	△3,777
貯蔵品の増減額(△は増加)	3,172	718
営業未払金の増減額(△は減少)	△6,093	10,405
その他	△5,622	△3,366
小計	276,356	284,523
利息及び配当金の受取額	1,730	1,631
利息の支払額	△11,234	△3,349
特別退職金の支払額	△2,843	—
法人税等の支払額	△7,336	△17,950
営業活動によるキャッシュ・フロー	256,673	264,853
投資活動によるキャッシュ・フロー		
定期預金の預入による支出	△276,021	△486,697
定期預金の払戻による収入	191,280	351,303
固定資産の取得による支出	△98,628	△121,894
固定資産の売却による収入	28,735	10,200
投資有価証券の取得による支出	△3,093	△20,294
投資有価証券の売却及び償還による収入	5,717	430
連結の範囲の変更を伴う子会社株式の取得による収入	1,360	—
連結の範囲の変更を伴う子会社株式の売却による収入	254	—
貸付けによる支出	△1,933	△295
貸付金の回収による収入	1,916	1,791
その他	3,188	1,019
投資活動によるキャッシュ・フロー	△147,221	△264,436
財務活動によるキャッシュ・フロー		
短期借入金の純増減額(△は減少)	62	266
長期借入れによる収入	25,203	11,836
長期借入金の返済による支出	△259,056	△26,599
少数株主からの払込みによる収入	1,506	—
少数株主への配当金の支払額	△194	△8,177
リース債務の返済による支出	△41,210	△36,342
その他	△770	△1,625
財務活動によるキャッシュ・フロー	△274,460	△60,643
現金及び現金同等物に係る換算差額	449	643
現金及び現金同等物の増減額(△は減少)	△164,559	△59,582
現金及び現金同等物の期首残高	323,797	158,995
連結除外に伴う現金及び現金同等物の減少額	△274	—
合併に伴う現金及び現金同等物の増加額	31	—
現金及び現金同等物の期末残高	※1 158,995	※1 99,413

Column さらなる学習にオススメの書籍

　ここまでお読みいただきましてありがとうございました。最後に今後、より深く決算書について学んでいきたいという方におすすめの書籍を紹介します。

・もう一度読みやすい入門書を入手したい方へ

　『決算書を読む技術』川口宏之著　かんき出版刊

　イラストが多用されていて、読みやすい本です。入門書をもう一冊読みたいという方に最適です。

・入門の一歩上である標準書を入手したい方へ

　『財務3表一体理解法』國貞克則著　朝日新聞出版刊

　3表とは、貸借対照表、損益計算書、キャッシュ・フロー計算書を指します。これらの関連性に重きをおいて、わかりやすく解説されている良書です。後半に財務指標分析も解説されていて、決算書の基礎がひととおり理解できます。

著者略歴

吉田 延史（よしだ・のぶふみ）

京都生まれ。京都大学理学部卒業後、コンピュータの世界に興味を持ち、オービックにネットワークエンジニアとして入社。
その後、公認会計士を志し同社を退社。2007 年、会計士試験合格。仰星監査法人に入所。2011年、公認会計士登録し、現在に至る。
ITエンジニア向けの会計入門記事『お茶でも飲みながら会計入門』（http://www.atmarkit.co.jp/ait/kw/tea_accounting.html）は、2008年から続く長寿連載となっている。
著書に『ぐるっと！ 原価』（弊社刊）、『ITエンジニアのための会計知識41のきほん』（インプレスジャパン）がある。

これなら読める！ 決算書

2016 年 1 月 21 日　　第 1 刷発行

著　者　　吉田　延史
発行者　　八谷　智範
発行所　　株式会社すばる舎リンケージ
　　　　　〒170-0013　東京都豊島区東池袋 3-9-7　東池袋織本ビル 1 階
　　　　　TEL 03-6907-7827　　FAX 03-6907-7877
　　　　　http://www.subarusya-linkage.jp/
発売元　　株式会社すばる舎
　　　　　〒170-0013　東京都豊島区東池袋 3-9-7　東池袋織本ビル
　　　　　TEL 03-3981-8651　（代表）
　　　　　　　03-3981-0767　（営業部直通）
　　　　　振替 00140-7-116563
　　　　　http://www.subarusya.jp/
印　刷　　株式会社シナノ印刷

落丁・乱丁本はお取り替えいたします。
Ⓒ Nobufumi Yoshida, Ayumi Yoshida 2016 Printed in Japan
ISBN978-4-7991-0476-7